近代仏教の社会福祉の研究に資するところ大

高野山大学学長　藤田　光寛

　本学の山口幸照先生が『真言宗社会福祉の思想と歴史』を出版なさることになりました。私はこの分野については門外漢ですから適任ではないと思いつつ、一緒に本学で教鞭をとっていた間柄ですので、請われるままに序文をお引き受けしました。

　本書は、社会福祉の実践家でもある山口幸照先生が、本学に奉職中の17年間に社会福祉の思想を教育・研究してその成果を発表なさった論文を中心にして一冊にまとめられたものです。

　仏教の社会福祉は、①布施（他に与えること）、②報恩（恩に報いること）、③慈悲（慈愛と共感）、④利他行（自分以外のものに心を寄せて行う行い）という仏教の4つの思想に基づくと一般に解説されます。

　そして、日本の仏教社会福祉は聖徳太子（574－622）に始まり、行基（668－749）や光明皇后（701－760）をはじめ、奈良仏教、平安仏教、鎌倉仏教から現代に至るまで、仏教思想に基づく社会福祉が活発に行われてきました。

　山口幸照先生は、本書の第1部思想編では、日本仏教のなかの真言宗に焦点を絞り、弘法大師空海の密教思想に基づく社会福祉の思想を考察し、第2部歴史編では、近代における真言宗の高野山真言宗と真言宗智山派、真言宗豊山派の社会福祉史について、史料を渉猟し丹念に読み解いて整理されました。

　本書において、弘法大師が説く「即身成仏」思想の密教的世界観をこの世において実現すべく実践する「密教福祉」（藤田和正先生が提唱）について詳述されています。

社会福祉と宗教の関係は、歴史的に見て深いつながりがあります。特に弘法大師は思想と実践の両方を重要視して多くの活動を展開しましたので、真言密教では、「済世利民」を教化の中心課題としています。

　真言宗各宗派においても数多くの社会活動が行われてきました。特に高野山真言宗においては「生かせ、いのち」をスローガンに教化活動が展開されていまして、宗派内にも社会福祉委員会が設置され、多くの社会福祉活動が行われています。密教福祉講習会も毎年開催され、多くの方が参加しています。

　社会福祉の分野は特に実践が重視されますが、その背景にはしっかりとした思想がなければならないことは自明の理であります。

　本書では、弘法大師の思想と哲学をしっかりとふまえ、その実践に生涯を捧げた人々が登場します。現代に生きる僧侶も本書で述べられたそれらの活動を参考にして、混沌とした現世に対して、何らかのメッセージを発することができると思います。

　ややもすると僧侶は、お葬式や法事などの儀式を中心とした日常活動をしていると思われがちですが、社会の様々な難事に対して、積極的にかかわった多くの先徳がいたことを忘れてはなりません。このような先徳の業績を本書から読み取って、本来あるべき僧侶の姿勢に思いを巡らすことができます。

　本書は近代仏教の社会福祉の研究に資するところ大であると思います。真言宗の社会福祉に関心を持つ方のみならず、近代日本仏教の思想史や社会史などに興味がある方にも広く推奨したい好著です。

大師末徒として「いま、何をなすべきか」の指針

空海研究所所長　武内　孝善

　古来、空海ほど、多くの人たちに慕われ、生きる杖とも心の支えともされてきた僧はいないであろう。

　空海の密教僧としての出発点は、密教の師である恵果和尚の遺誡であった、といっても過言でない。恵果は示寂をまえにして、次のように遺誡したという。空海は、正式の帰国報告書である『御請来目録』に

> 早く郷国に帰り、以て国家に奉り、天下に流布して蒼生（そうせい）の福を増せ。然れば則ち四海泰く万人楽しまん。是れ則ち、仏恩を報じ師の徳を報じ、国の為には忠あり、家に於いては孝あらん。

と記している。

　要約すると、一刻もはやく日本に帰り、この教え＝密教を国家に奉呈して国中に弘め、人びとの幸せが増すように祈りなさい。そうすれば、世の中は平和となり、すべての人が心安らかに暮らせるでしょう。これこそが仏の恩に報い、師の徳に報いることである、となる。一言でいえば「蒼生の福を増せ＝人びとの幸せが増すように努めなさい」であった。

　「蒼生の福を増せ」は、空海にたいする遺誡であったが、恵果はつねに弟子たちに「人びとの幸せを増すように」と教導していたという。呉殷纂「恵果阿闍梨行状」に、「金剛界の世界をとく『金剛頂経』・大悲胎蔵の世界をとく『大日経』、この両部の大教は、諸仏の秘密の蔵・最速の成仏をとく教えである。だから、何としても、この教えをこの宇宙にあまねく流伝して、すべての生きとし生けるものをこころ安らかな世界に送りとどけてほしい」（取意）と語ったと記す。この「この最妙の教えによって人々を救ってほしい」の原文は、「有情を度脱せしめん」であるけれども、「蒼生の福を増せ」に通

じることばといえましょう。

　ともあれ、帰国後の空海は、特に判断に窮するようなできごとに遭遇したときは、必ずやこの遺誡を思いだし、人生の指針にしたにちがいない。

　ここで、空海の事績とその密教思想を考えるうえで、忘れてはならないことをみておきたい。それは、師の恵果が示寂された直後に書かれた密教の特色4つである。すなわち、遣唐判官・高階遠成とともに帰国したい旨を記した「本国の使いと共に帰らんことを請う啓」の一節である。

　　此の法は則ち仏の心、国の鎮（しづめ）なり。氛（わざわい）を攘（はら）い、祉（さいわい）を招くの摩尼（まに）、凡を脱（のが）れ聖（しょう）に入るの嶮径（きょけい）なり。

ここには、恵果から受法した最新の仏教＝密教の特色が簡潔に記されている。4つの特色を箇条書きにすると、

　　①私が学ぶことができ密教は、仏法のなかの真髄であり、最高の教えである。

　　②国家を守護する上からも、この教えが一番力を発揮する教えである。

　　③個人的にみると、この教法はあらゆる災難・悪鬼から逃れることができ、また神よりの祝福を受けることができる、あたかも如意宝珠のような教えである。

　　④凡夫の身をはなれ、覚りの世界にいたる最速の径、すなわち速疾に成仏することができる法門である。

となる。これら4つは、恵果がつねに門人に語っておられたことばのなかに散見される事項でもあった。

　帰国後の空海は、天皇の命をうけて国家の安寧を祈る修法をたびたび修されている。たとえば、弘仁9年（818）4月。この年は、記録的な日照りであった。朝廷は、その対策として、祈雨のための奉幣、修法、講経などを頻繁におこなっているが、このとき、空海にも修法が命ぜられていた。『高野雑筆集』所収の吏部次郎あての書状に、「昨日命ずる所の修法の人名及び支具の物、具に録して馳上す」とあるから間違いない。また、天長4年（827）

5月26日、内裏に仏舎利を請じて祈雨法を修して験を示された。『日本紀略』には、「丙戌（二十六日）、祈雨するに依り、少僧都空海をして仏舎利を内裏に請じて、礼拝して灌浴せしむ。亥の後、天陰（くも）りて雨降る。数剋にして止む。地を湿（うるお）すこと三寸なり。是れ則ち舎利霊験の感応する所なり」とある。空海はその生涯に、国家のために「壇を建て法を修すること五十一箇度なり」（『御遺告』）といわれるけれども、この「五十一箇度」は実数に近いかずであったかもしれない。毎年のように襲ってきた地震・日照り・長雨・洪水・疫病などの天変地異、空海の生きた時代は、きわめて厳しく過酷な日々であった。つねに庶民の立場にたっておられた空海は、国家安寧のために、そして人びとの幸せのために、常に祈っておられたのであった。

　その例を、もう1つあげてみよう。空海には、追善の仏事などの際に読み上げられた願文が30あまり伝存する。それらの願文は4つの段落で構成され、その第4の段落には願意、つまりその法会で願い祈念したことが記されている。もっとも丁寧な願文では4つのこと、①故人の頓証菩提、②法会の功徳が現世に残った親族にもおよぶこととその人たちの福寿、③天皇をはじめとする聖朝の安穏と天下泰平、④諸天をはじめ、十方の一切衆生（生きとし生けるものすべて）が悉く菩提を証せんこと、が祈られていた。

　参考までに、一番古い願文である天長2年（807）2月の「田少貳のための願文」(性霊集巻七)の願意をあげてみよう。

①伏して願わくは、此の徳海を傾（かたぶ）けて、梵魂（けいこん）を潤洗（じゅんせん）せしめん。妄霧を褰（かか）げて以て大日を覿（み）、智鏡（ちきょう）を懐きて以て実相を照らさん。法の不思議なる、之を用いて窮尽（ぐうじん）無し。

②福、現親（げんしん）に延（ひ）いて、寿考にして光寵（こうちょう）ならん。

③臣子（しんし）善有れば、必ず所尊に奉る。此の勝福を廻らして聖朝（しょうちょう）に酬（むく）い奉り、金輪（こんりん）常に転じて、十善弥（いよいよ）新（あらた）ならん。春宮（とうぐう）瓊枝（けいし）宰輔（さいふ）百工、共に忠義を竭（つく）して、福履（ふくり）之を綏（やす）くせん。

④五類の提婆、十方の数生（そくしょう）、同じく一味の法食（ほうじき）

に飽いて、等しく一如の宮殿 (くうでん) に遊ばん。(傍線筆者)

　このなか、4つ目の「必ず生きとし生けるものすべてが、速やかに心安らかな世界に行けるように」との成仏を祈ることばは、すべての願文にみられるといってよい。このことから、空海の眼が、意識が、奈辺にあったかをよみとることができよう。

　その極致ともいえるのが、天長9年8月23日、未完成であった高野山上でおこなわれた最初の法会「万燈万華会」である。空海はこの日、金胎両部の諸尊をたくさんの燈明と華とをもって荘厳し讃歎された。このとき読み上げられたのが「高野山万灯会の願文」であった。このとき、「虚空尽き、衆生尽き、涅槃尽きなば、我が願いも尽きん」との大誓願が立てられたのであった。すなわち、「この宇宙に存在する一切のものを心安らかな世界、涅槃に送りとどけるのが私の願いであり、一切のものを涅槃に送りとどけた暁に、私の願いは終わる」という趣旨であり、まさに大乗の菩薩行の極致といえるものであった。そうして十世紀になると、お大師様は高野山奥の院に生身をとどめ、つぎのほとけ・弥勒菩薩がこの世に現れでられるまでの56億7000万年のあいだ、ずっとわれわれを見守り導いてくださっている、との入定留身信仰に昇華され、今日にいたっているのである。

　空海について紹介する最後に、空海の教えの根底にあるといわれる2つの思想をあげてみたい。

　1つは、自心仏の思想である。自心仏の思想とは、仏さまはこの私の身心をはなれたところに存在するのではなく、各自の身心のなかに存在する、とみなす考えである。

　いま1つは、本覚思想である。空海のいう本覚思想とは、衆生・凡夫といえどもその自覚がないだけであって、本来的に仏さまと同じく覚った存在である、とみなす考えである。そうして、この2つが根幹となり、空海の教えの根本をなす即身成仏思想が体系づけられたといわれる。

　では、空海のいう「即身成仏」とはどういうことか。私はつぎのように解する。『即身成仏義』によると、われわれは、凡夫といえども、そのことを意識する、しないにかかわりなく、生まれながらに大日如来と物質的にも精

神的にも同じものを備えもつ存在である、という。空海の著作を読みすすめていくと、

> あなたたちは大日如来と同じ素晴らしい生命（いのち）をいただいています。そのことに早く気づきなさい。そして、常に「仏と同じである」と心に憶持（おくじ）し、仏としての生き方をしなさい。そうすれば、本来の私に帰ることができる。

といったメッセージを読みとることができる。このことから、空海のいう「即身成仏」とは、本来的に仏と同じである「わたし」に気づき、その本来の「わたし」に完全に帰ること・成りきることである、と申しておきたい。

　本書の特色を記してみたい。著者の言によると、社会福祉学は、思想哲学・制度政策・実践臨床が一体化して展開される学問であるにもかかわらず、実践現場では残念ながら、制度政策や実践臨床が優先される傾向にあって、思想哲学が等閑に付されているのが現状であるという。また、社会福祉学の立場から、密教の教理や空海思想についてアプローチしたものは皆無であるともいう。このような問題意識のもとに取り組み、まとめられたのが、本書の第1部である。

　特色の第1は、空海が確立した真言密教の教え、並びに62年にわたる空海の生涯の事績から、今日の社会福祉学に有用な思想・哲学となるべきものを抽出し、整理されたことである。著者は、「密教福祉」ではなく、「空海福祉」の確立をめざすともいう。それには、現代の視点に立脚して、空海の著作を読み込んでいく必要があろう。空海研究のうえからも、空海思想の現代化というか、社会福祉の視点から空海思想を読みとく作業は、きわめて魅力的である。真言僧でもある著者にしかできないことであろう。「空海福祉」の確立・体系化を、ぜひお願いしたい。

　第2の特色は、第2部において、明治以降の真言宗教団における社会福祉が通観されていることである。これまで、このような研究は皆無とのことであり、その意義は計り知れないであろう。とはいえ、あえて苦言を呈する失礼をお許しいただけるならば、①高野山真言宗・真言宗智山派・真言宗豊山派の三宗派だけであること（三派で真言系寺院数の約60％をしめるけれど

も)、②しかも、年表風に項目が並べられていて、いわば全体の流れを概観した総論といった感を強くうけることである。できれば、個々の事象を具体的、かつ詳細に考察した各論にあたるものが欲しい。本書の価値をたかめる上からも、そのことを要望しておきたい。

　著者は、社会福祉の現場で経験をつんだあと学究生活にはいられ、高野山大学で教鞭をとってこられた。福祉の現場で、いま一番求められているのが社会福祉学のバックボーンとなる思想哲学であるという。このことを切実に感じた体験をもち、その上で研究生活にはいられたことは、誰でもができることではなく、きわめて強力な武器といえよう。その武器をもった著者によってまとめられたのが本書である。

　葬儀が形骸化し、いのちが軽んじられつつある今日、特に真言宗の僧籍を有する方がたには、是非、本書を手にとっていただき、大師末徒として「いま、何をなすべきか」の指針としていただければ幸いである。あわせて、本書の上梓が斯界の発展に大いに寄与せんことを祈念して擱筆する。
乞われるままに、禿筆をもって序とする。

　平成29年初弘法の日

真言宗
社会福祉の
思想と歴史

山口幸照 著

セルバ出版

まえがき

　弘法大師空海が、現在の中国に留学し、早々に帰国することになったのは、密教の奥義のすべてを伝授されたことだけではなく、師僧の恵果阿闍梨からの次のような遺命によるものであったといわれている。

　「如今、此の土に縁尽きて久しく往ること能わず。宜しく此の両部の大曼荼羅、一百余部の金剛乗の法、および三蔵転付の物ならびに供養の具等、請う、本郷に帰りて海内に流伝すべし。僅かに汝が来れるを見て、命の足らざることを恐れぬ。今則ち法の在りとし有るを授く、経像も功畢んぬ。

　早く郷国に帰り、もって国家に奉じ、天下に流布して蒼生の福を増せ。然らば則ち四海に泰く万人楽しまん。是れ仏の恩に報い、師の徳を報じ、国の為には忠、家においては孝あらん。義明供奉は此の処にして伝えん。汝はそれ行きて、これを東国に伝えよ。努力と、努力よ」。（御請来目録）
であった。

　恵果阿闍梨の言葉のなかで最も中心ともいうべき言葉は「蒼生の福を増せ」ということであった。

　密教の核心は、「蒼生の福を増せ」。つまりすべての人々に対して福祉を増進しなさいということであった。

　弘法大師空海は、中国から帰国してから高野山に御入定されるまで、そのすべてを恵果阿闍梨の遺命に従ったのかもしれない。

　「高野山万燈会の願文」のなかで「虚空尽き、衆生尽き、涅槃尽きなば、我が願いも尽きん」（性霊集）という誓願は、「蒼生の福を増せ」を実現するための決意表明であり覚悟であった。

　したがって、弘法大師空海以降現在に至るまで、脈々と法灯が受け継がれているとされている密教系寺院や僧侶、真言宗系寺院や僧侶は、この「蒼生の福を増せ」を教化の第1の目標にしなければならない。

　元来、仏教は「民衆救済」の宗教といっても過言ではない。慈悲の宗教と言われる仏教は、困難な状況にある民衆とともに生きるということこそが究極の目的である。しかも救済活動は実際に他者に届かなければ何の意味もな

い。

　仏教思想に基づく社会福祉思想については多数存在する。仏教各宗派の教えも含めると無数にある。

　筆者は特に重要な社会福祉活動に必要な根本的仏教思想を7項目ほどアウトプットしてみた。

　ここで取り上げた7つの項目については、顕教（釈迦が生きとし生ける者のそれぞれの性質や能力に応じて、説いた教えをいう）の立場からの仏教の社会福祉思想ということができる。

　先ず、1つ目は「慈悲」の思想である。「慈」は「いつくしみ」を意味する友愛である。「悲」は「他者の苦」に同情しこれを救済しようとすることである。友愛をもって救済しようということは自身の菩薩行であるとする。このことは仏教の社会福祉思想の基本である。

　2つ目は「縁起」の思想である。現実の苦悩を知り、そこからの解脱を目標とする。そして他人に苦しみを自分の苦しみとしてとらえる。他者と自己との相互依存から発する平等的共生観を基本とする。このことは仏教の社会福祉思想の基本である。

　3つ目は「空」の思想である。日常生活は苦しみが多い。しかし「煩悩即菩提」や「生死即涅槃」を自覚し、常により良い生活を目指すこと理想を持って生きるということを基本とする。このことは仏教の社会福祉思想の基本である。

　4つ目は「戒律」の思想である。五戒のうち最初の不殺生は殺さないというよりもよりよく生きるということが重要であるとする。相手をよりよく生かすという思想は、仏教の社会福祉思想の基本である。

　5つ目は「衆生観」である。「生きとし生きるもの」すべてに「仏性」があり、生命を大切にし、人権を守り、自然を守り、生きやすい「世間」にする。このことは仏教の社会福祉思想の基本である。

　6つ目は「仏国土」の思想である。仏教にとって社会的な地位や収入、学歴などは何の意味も持たない。すべての生きるものが平等に暮らすことのできる「仏国土」の建設が最も尊い。このことは仏教の社会福祉思想の基本である。

　7つ目は「布施」の思想である。「布施」には衣食住を提供する財施、教

えを伝える法施、恐れを取り除く無畏施がある。与えられるものと与えるものの関係性ではなく、すべての執着から離れた「無我」の境地の実践である。このことは仏教の社会福祉思想の基本である。

　この他にも、社会福祉活動を支える仏教思想が多数あるであろうことは容易に想像できる。

　それぞれの仏教各宗派のアイデンティティーによって実際に活動を展開していることは周知の方も多いと思う。

　密教の立場からの社会福祉活動を支える根本思想は「即身成仏」である。詳しい内容の説明は、ほかに譲るが、「即身成仏」は、人は誰でもこの身このまま仏になると説く。普段人間は煩悩に曇っていて、もともと持っている仏性に気が付かない。そこで仏と人間の心身の活動を一体化させれば、心身共に豊かな暮らしをすることができる。

　「即身成仏」には発展段階があり、「理具成仏」は密教の教えに基づいて修行し、「加持成仏」はその修行により仏と一体化したことを体感し、「顕得成仏」はその修行が周囲の人に影響を与えることである。

　つまり密教はもともと誰にも備わっている仏性に気づき、体験し、他者へ尽くすということが最も重要だと説く。密教にとって「自利利他」こそ最高の境地ともいえるゆえんである。

　冒頭の弘法大師空海の言葉は、真言宗僧侶であればかたときも忘れない言葉である。真言宗の立場はむしろ多宗派に比べて、より積極的に社会福祉活動を展開するように求められている。

　歴史的に見ても、叡尊や忍性のような密教系の僧侶が積極的に社会福祉活動を展開している事例は枚挙にいとまがない。

　さらに近代においても有名無名を問わず社会福祉活動をしている僧侶が多数存在する。

　しかし残念ながら現在の真言宗系の宗派や僧侶は全体として、浄土宗系や他宗派の僧侶に比べ実践が大幅に立ち遅れていることは否めない。

　この小著は、筆者が高野山大学に奉職後、機会あるごとに発表してきた小論をまとめたものである。第1部は、思想や考え方を中心に論述した。第2部は高野山真言宗、真言宗智山派、真言宗豊山派の近代の社会福祉実践につ

いて論述した。

　不充分ながらもこの小著を出そうと決意した背景には、密教学研究者による弘法大師空海研究やインド密教研究、チベット密教研究、中国密教研究、日本密教研究、密教経典研究などは多数蓄積もあり、名著と言われる文献も多数存在する。

　しかし、筆者のような社会福祉学からの密教や空海についてのアプローチは皆無であったということにある。密教研究の一端として社会福祉についても光が当たることを期待したい。

　「民衆救済」が仏教が目指す究極の目標であり、密教はそのなかでも特に積極的に「民衆救済」に取り組むことが教理や思想からいっても必然であることを強調しておきたい。

　社会福祉学はどのような高邁な思想や哲学があっても、実際に現在困難に直面している人々の役に立たなければ何の意味も持たないという宿命を背負っている。文献学や文献解釈学のようなわけにはいかない。現在生きている人々に対して救済が届かなければ何にもならないという学問である。実学といわれるゆえんである。

　社会福祉学は、思想哲学・制度政策・実践臨床が一体化して展開されるという学問である。そのどれか1つでも欠けると継続性が保てない。

　しかし、ややもすると社会福祉学は制度政策や実践臨床が優先される傾向がある。それを下支えする思想哲学がおろそかになるということがしばしば見受けられる。

　社会福祉の実践現場において思想哲学がなく苦しんでいる経営者や専門家にお会いすることがある。福祉現場で消耗し、バーンアウトする人も多々見受けられる。

　比較的新しい学問にありがちの傾向であるが、社会福祉学もその1つといえるかもしれない。

　社会福祉学の基礎学問ともいえる思想や哲学、理念、歴史、宗教などの分野は、社会福祉士や介護福祉士などの国家資格ができて、その枠組みのなかで大学教育が行われるようになり、多くの大学でカリキュラムから姿を消した。社会福祉学の思想や哲学の研究者も激減している。

制度や政策、実践や臨床に大学教育の重点が置かれるようになり、国家資格取得のための予備校のような大学が数多く存在する。

　社会福祉学が後世に残るようなしっかりとした学問であるためには、思想と哲学は重要な分野である。特に宗教が歴史的に果たしてきた役割についても明らかにすることも重要なことであると考える。この小著が少しでも社会福祉基礎研究の一助になれば望外の喜びとするものである。

　なお、この小著は、各章ごとにおいて、それぞれ独立して発表してきた小論を加筆訂正したものなので、重複している箇所が多々見受けられるが、論文の性質上割愛しないでそのまま掲載したことをお断りしておきたい。

2017年2月

山口幸照

真言宗社会福祉の思想と歴史　目次

近代仏教の社会福祉の研究に資するところ大
　　　　　　　　　　　　……高野山大学学長　藤田光寛
大師末徒として「いま、何をなすべきか」の指針
　　　　　　　　　　　　……空海研究所所長　武内孝善

まえがき

第1部　思想編

第1章　密教福祉とは何か
　1　宗教と福祉…020
　2　現代の社会福祉…020
　3　密教福祉の視点と内容…024
　4　密教福祉の今後…029

第2章　密教福祉の視点と展開
　1　より良い社会にする…032
　2　仏教福祉が求められる背景…032
　3　仏教福祉の基本となる思想…033
　4　現代福祉の基本原理…035
　5　戦後の社会福祉思想…036
　6　密教福祉思想の展開…039
　7　ソーシャルインクルージョンとエッセンシャリゼーション…041

第3章　密教と福祉のリレーションシップ
　1　宗教の必要性の再認識…043
　2　現代社会福祉の流れ…044
　3　宗教的ケアの必然的展開…047
　4　密教における社会福祉の立脚点…050
　5　密教に求められる社会福祉…052

第4章　密教における宗教的ケア
　1　宗教的ケアの必要性…054
　2　宗教の持つ意味…056

3　密教と宗教的ケア…058
　　　4　空海思想の現代化としての宗教的ケア…059

第5章　仏教社会福祉の考え方と歴史
　　　1　社会福祉問題の国民的普遍化…061
　　　2　現代仏教福祉の展開…064
　　　3　仏教福祉が求められる背景…066
　　　4　原始仏教の福祉思想…066
　　　5　飛鳥・奈良時代の慈善救済…069
　　　6　平安時代の慈善救済…070
　　　7　中世封建社会と慈善救済（鎌倉時代）…071
　　　8　近世封建社会と慈善救済（江戸時代）…073
　　　9　明治維新社会と慈善救済…074
　　　10　近代国家と慈善救済…075
　　　11　近代社会と社会福祉…078
　　　12　アジア的なものの考え方…080

第6章　社会福祉と日本文化
　　　1　社会福祉と日本文化の関係性…082
　　　2　比較における日本文化…082
　　　3　家族と家…083
　　　4　外国文化と日本文化…085
　　　5　仏教の変容…086
　　　6　儒教の変容…087
　　　7　日本文化論…087
　　　8　福祉文化論…087

第2部　歴史編

第1章　真言宗社会福祉の歴史…090
第2章　高野山真言宗の社会福祉
　　　1　真言宗の各宗派…093
　　　2　終戦・戦後復興期 (1945-1955)…093
　　　3　高度経済成長期 (1956-1979)…095
　　　4　低成長期からバブル経済期 (1980-1991)…096
　　　5　バブル経済崩壊から現在まで (1992-現在)…097

第3章　真言宗智山派の社会福祉その1
1　仏教の社会福祉実践…098
2　大正期・昭和初期の社会的背景…099
3　真言宗智山派の仏教社会福祉への取り組み…103
4　議論すべき課題…108

第4章　真言宗智山派の社会福祉その2
1　積極的・総合的に仏教社会福祉を展開…109
2　終戦・戦後復興期 (1945-1955)…113
3　高度経済成長期 (1956-1979)…113
4　低成長期からバブル経済期 (1980-1991)…114
5　バブル経済崩壊から現在まで (1992-現在)…114
6　現代の社会福祉の課題…115

第5章　真言宗豊山派の社会福祉その1
1　現代の社会福祉問題…119
2　大正期・昭和初期の社会福祉展開の背景…120
3　真言宗豊山派の社会福祉の展開…122
4　真言宗豊山派社会福祉の変質と終焉…126
5　今後の課題…127

第6章　真言宗豊山派の社会福祉その2
1　近代は熱心に社会福祉を展開…129
2　真言密教の成立と内容…129
3　終戦・戦後復興期の真言宗豊山派の社会福祉…134
4　高度経済成長期の真言宗豊山派の社会福祉…134
5　低成長期からバブル経済期の真言宗豊山派の社会福祉…135
6　バブル経済崩壊から現在までの真言宗豊山派の社会福祉…135
7　真言宗豊山派の社会福祉のまとめ…136

付録　日本近代真言宗社会福祉年表…140

初出一覧

あとがき

第1部
思想編

第1章　密教福祉とは何か
第2章　密教福祉の視点と展開
第3章　密教と福祉のリレーションシップ
第4章　密教における宗教的ケア
第5章　仏教社会福祉の考え方と歴史
第6章　社会福祉と日本文化

第1章　密教福祉とは何か

1　宗教と福祉

　「福祉」という言葉に多領域の研究分野の言葉を冠してそのこと事態に別の独自の意義をもたせようとすることがしばしば見受けられる。例えば「福祉教育」、「介護福祉」、「医療福祉」、「女性福祉」や「国際福祉」など、あげれば枚挙に暇がない。
　信仰と関連したものとして「宗教福祉」、「仏教福祉」や「キリスト教福祉」などのほかにイスラム教などを冠する言葉があるのかどうかは寡聞にして知らない。いずれにしても、歴史的経過からみても宗教と福祉はいささかの関連があるものと考えられる。
　ここでは、密教の立場から「密教」と「福祉」と結合して「密教福祉」の立場を明らかにしようと試みるものである。なぜ「宗教福祉」や「仏教福祉」ではなく「密教福祉」なのか、その立脚点を明確に示すことがこの小論の目的である。

2　現代の社会福祉

　現代社会福祉は、1945年の終戦以降、GHQの占領政策によってその枠組みが確立された。その中において①国家責任の確立、②無差別平等の原則、③給付制限の撤廃を基本原則としたいわゆる社会福祉三原則が確立された。
　さらに現代政治原理であるところの政教分離政策によって、宗教による行政への関与をはじめとして社会福祉行政への関与も徹底的に排除された。以降、政教分離は現代社会福祉の推進上、厳密にまもられてきたテーゼであったことは疑いの余地がない。

しかし、一方で社会福祉実践現場においては、政教分離はしばしば議論されてはきている。例えば学校や保育所、老人ホームなどの花祭りやクリスマス会の開催、地鎮祭や地域のお祭りなど宗教と慣習の接点においてその是非がしばしば議論されている。
　いずれにしても戦前の反省から必要以上の政教分離がありとあらゆるところで徹底して行われてきたことは事実である。
　さらに現代社会福祉は、国家による必要最低限の「法律に基づいた社会福祉」を限定的に実施することであったために、いつの間にかそれが普遍的社会福祉であるかのようになってしまった。後になって、公私協働を推進することになるが、国家による必要最低限の「法律に基づいた社会福祉」を払拭するのに大変な努力が必要になる。
　その影響を強くうけて日本は官尊民卑の思想が、社会福祉の基本的考え方になってしまった。
　社会福祉の要援護者であれ従事者であれ、社会福祉に関係のある人々は、その処遇や待遇について国家や地方自治体に要望・要求することが日常化し、それが社会福祉の発展のためであるかのようなことになってしまった。
　また、社会福祉の公的責任性が強調されるあまり、国家や地方自治体がすべての社会福祉問題に対してオールマイティーに推進する機関であるかのようになってしまったことも事実である。
　しかし、社会福祉の支援を必要としている人々の毎日の生活は、社会福祉のフォーマルなサービスが充実されれば解決され満足されるという単純なものではない。衣食住が充たされればすべて幸福ということでもないし、金品が充たされればすべて豊かであるということでもない。
　人々の毎日の生活には、法律に書いてあることを必要十分だけ供給すればすべてが、解決するものでもない。
　人々の毎日の生活のなかには、地域性や生活習慣、宗教行事や食生活、友人や近隣、親類などとの付き合い等インフォーマルなつながりのほうがむしろ多い。
　しかしながら、それにもかかわらず一度社会福祉の支援が必要になったときには、フォーマルなサービスばかりが優先して提供される仕組みになって

いるのが現状である。例えば介護が必要になったとしたら法律に基づいて社会福祉サービスが提供される。そこには、それまで培っていた個人的なインフォーマルネットワークがすべて断ち切られてしまう。

現在の社会福祉制度は一旦要介護者になって、施設福祉サービスや在宅福祉サービスを受けようとすると、法律に基づいたフォーマルな社会福祉サービスが提供される。その社会福祉サービスは、要介護者のために最低限必要なサービスであることは疑いの余地はないが、問題は要介護者の人間的つながりなどのインフォーマルネットワークすべてが、断ち切られてしまうことである。

国家による必要最低限の「法律に基づいた社会福祉」の提供を重視するあまり日本の社会福祉サービスの中身が具体的に衣食住を充たすことに心血が注がれる。その結果、社会福祉サービスを受けながら、精神的な意味において社会福祉施設や在宅において豊かな老後を送ることは大変難しくなっていることも事実である、ごく一般的にはあたりまえになっている地域性や生活習慣、宗教行事や食生活、友人や近隣、親類などとの付き合いなどは、社会福祉サービスをうける人々にとって軽視されてきたのではないか。

特に人間の終末における社会福祉サービスのあり方においても機能的・非人間的に過ぎていたのではないか。

日本においては国民の多数が、年間を通して葬儀や法要、年回忌、正月護摩、彼岸会、盂蘭盆会、花祭りなどの仏行事に参加している。また、高齢者になればなるほど仏行事に参加する回数も増え、仏心(菩提心)が生まれてくることも事実である。そして、誰もが「安心」をえて安らかな老後と死を迎えたいと願っている。

日本人は、戦前の宗教への宗教アレルギーが強く、宗教に敏感に反応しすぎて大切な人間としての心を忘れているかにみえる。極端に宗教を排除せず、自分に合った宗教に帰依することが今求められているのではないかと考える。

公的資金でその大部分が建設され運営されている社会福祉施設は、宗教的設備を全く禁止しているが、そこで生活している要介護者にとって、神棚や仏間、仏壇は欠かせないものとなっている。また、在宅の要介護者において

も同様のことがいえる。

　公的責任性の中味は、最低生活を最低限保障することを主な目的として、経済的援助の側面が強調されてきた。

　戦後55年を経過した現代において、その最低限の社会福祉的援助から脱皮して、要介護者になっても住み慣れた場所で社会福祉サービスを受けながら家族や近隣、友人に囲まれながら生活ができることを主眼とした地域福祉の考え方が台頭し、これからの社会福祉の援助は、経済的援助の側面ばかりでなく、精神的援助の側面や文化的援助の側面においても重要な位置が与えられようとしている。

　特に高齢者にとっては、精神的援助の側面としての、宗教的援助の側面は高齢者の日々の生活を支える上で重要な部分である。にもかかわらず、現在の日本における精神的支えとしての宗教的援助は、社会福祉サービスのなかには存在しないといっても過言ではない。むしろタブー視されている。

　社会福祉の援助者の専門的教育プログラムにも宗教的援助の側面の教育は入っていない。要介護者が死に臨んでいるときに専門的援助者(医師、看護師、社会福祉士、介護福祉士等)は、全くの無力であることが証明されている。

　しかし、一口に宗教といっても日本は他宗教受入国家であり、仏教、キリスト教、神道等々多数の教えがあるし、仏教のなかでも多数の宗派や新興宗教、新宗教、新・新宗教等々多数存在する。それを宗教的サービスとして統一して提供できるものでもない。

　個々人が「安心」を得られるような多様な宗教的サービスを個々人のニーズの合った宗教的サービスが提供されることが求められている。

　要介護者になってからはじめて宗教と出会い、自分自身が最も信頼できる僧侶や教団、教義とふれあい、そこに生きる喜びを見出し、輝いた「命」をまっとうできることこそ無常の喜びではないだろうか。そのためには、宗教教団や指導者がそれぞれの立場性を明確にし、その宗教的実践を展開すべきなのではないだろうか。

　そのようななかで、一部のキリスト教教団や一部の仏教集団が、ターミナルケアや国際ボランティア活動に従来から積極的に取り組んでいるが、宗教界全体として積極的といえないのではないか。

特に、本稿において取り上げる、密教と福祉についての関係性について全くないわけではないが、あまり積極的とはいえなかった。

密教福祉研究会が発足し、密教と福祉の関係性について、理論と実践の双方から明らかにしようとする取り組みについて大変喜ばしいことと考える。だが、「密教福祉」が理論的にも実践的にも成立するかどうかは未知数であることも事実である。

弘法大師空海が独自に考え出した真言密教の普遍性は、すべての現象について現代に通じる指針となっているが、社会福祉との関係性において研究が乏しかったことも確かである。

弘法大師空海の素朴な大師信仰の側面と高邁な宇宙的真理の思想との両面をカバーする形において、「空海福祉」ともいうべき「密教福祉」について明らかにするべきであると考える。

3　密教福祉の視点と内容

現代社会福祉の概念構成と密教福祉思想の接点を見出す試みは、藤田和正（以下、本文においては敬称を省略する）がすでに行っている。

藤田は「現代社会福祉の科学的論理とは、それを包摂する精神的基盤としての密教福祉思想との接点において形成している」とし、また「生存権保障への近代的な諸制度や科学的方法論の運用はそれが拠って立つ精神的風土の特性により異なるもの」としている。

つまり、1945年の第二次世界大戦以降の日本における社会福祉は、①国家責任、②無差別平等の原則、③給付宣言の撤廃の3原則を基本にして確立した。さらに戦前の反省から、現代政治原理である政教分離政策によって宗教の介在を積極的に排除してきた。

拠って立つ精神的風土を積極的に否定してきた政策があることが言える。

現在の日本の社会福祉の原点は、1945年以降に制定された日本国憲法第25条の規定によるものである。よって近代社会福祉は、国による「法律に基づいた社会福祉」に限定的に実施されてきた。

国による社会福祉は、国家権力の積極的な介入によって、統制的に行政組

織と行政権力によって推進される。そこには、精神風土の特性を基盤にしたり、その他の機関や組織、思想や哲学、宗教が介在する余地がない。したがって、今の日本の社会福祉は、日本における戦前や欧米などのように宗教が福祉に対して大きな力を持っていた時期とは大きく異なってしまっている。

　国による「法律に基づいた社会福祉」を限定的に実施してきた日本においては、公的に支配に属さない、公的な領域ではないとされた社会福祉は全くといっていいほど育たなかった。例えば、純粋な民間社会福祉であるはずの社会福祉法人は、行政からの補助金だけで事実上運営しているし、民間資金である共同募金の集金システムも半ば強制的に自治会で行っているなど行政の介入がなければ成立しない。

　社会福祉が必要最低限の生活を充足するためだけの経済的側面からのアプローチだけの時代であったら、思想や哲学、宗教などは不必要であった。しかし、現代においては、個人が自立生活をしていく上で必要なのは、経済的側面だけではなく、精神的文化的側面においても同じように必要である。

　イギリスにおいては、「ベバリッジレポート」によると、社会福祉をうまく機能させ豊かにしていくのは、宗教的文化基盤の上に立つことが必要だとしている。イギリスは宗教的枠組みを日常生活において維持していくことを前提とした社会となっている。

　日本における社会福祉の中での宗教の占める位置はきわめて不寛容の状態に置かれている。かつての宗教からは、葬式や法要などの通過儀礼としての宗教を形式的に実行しているに過ぎないとの認識である。通過儀礼の執行者としての宗教者には、社会問題に取り組む姿勢などは微塵も見られない。

　したがって、宗教学者は過去の文献の解釈をどのようにするのかなどに血道をあげており現代の社会問題に対しては具体的対応も持たず全くの無力である。

　戦前の社会福祉は、キリスト教からの「博愛」、仏教からの「慈悲」を巧みに受け入れむしろそれを中心として展開していた。仏教者も社会問題に対して積極的に関与していた。欧米の社会福祉は、現代においてもキリスト教的「愛」を中心にその枠組みが展開されている。

　戦後の日本の社会福祉は、無機質的であり、キリスト教からの「博愛」や

仏教からの「慈悲」とは一切関係がないという立場をとってきた。

　繰り返しになるが、社会福祉が未成熟な段階において、経済的側面だけをカバーすればこと足りるという「最低生活保障」を確保しようとしたときには、国家による全面的救済が必要だったといえるかもしれない。ミニマム（最小限）を確保しようとするときは公的責任において政策を実行することがより有効であるかもしれない。

　しかし、社会福祉ニーズがより多様化した現代においては、個々人によってその社会福祉ニーズが大きく異なり救済や援助は経済的側面においてだけという単純なことではなくなってきている。特に高齢者にとって、衣食住のほかに自分の信仰する宗教によって安らかな死を迎えたくなることが多いのではないか。宗教に拠りどころを求めることが大切なこととなってくるのではないだろうか。

　このように戦後から現在まで宗教と社会福祉は、一定の距離を置いて、いや社会福祉の側からむしろ排除する形で展開してきた。一方、宗教の側からも社会福祉については不熱心であった。この宗教と社会福祉の不幸な関係性を清算し、新たな宗教と社会福祉の枠組みを模索しようとする試みが最近になって数多くなされてきている。

　「仏教福祉」もそういった時代の要請から展開されてきているのではないだろうか。しかし、仏教といってもさまざまな立場性があることも事実であるし、数え切れないほどの宗派が林立している。その教えも多種多様である。仏教的立場性も全く正反対のことも日常的である。

　しかし、日本の仏教は、個人の多様なニーズに対応するために個性に合った多様な教えを用意していると考えたほうが納得行くのではないか。

　例えば富士山の頂上（仏教的真理）は1つであるが、その上り口(発菩提心)は多数用意してある。入り口のところで、登っている途中で自分の個性に合致した道程をも選択できる。

　これが仏教なのであるとすると、その林立する宗派が仏教的立場性を明らかにしておくことが求められているのではないだろうか。高齢者になったときの心構え、要介護者になったときの行き方、週末ケアのあり方など仏教各宗派は、その祖師の教えにのっとってどう考えるのかを明確に示すべきでは

ないかと考える。

　そういったことから、この小論では真言宗の教えから「密教福祉」の立場性を明らかにすることを試みることにする。

　真言宗は、従来から社会福祉に対してあまり熱心でない宗派とみられていた。しかし、真言宗の開祖弘法大師空海は、その思想を説く以前に自分の足で実践をしていることが知られている。全国をくまなく歩き数多くの伝説を残していることは周知のことである。また、社会的実践活動や史実に残っている。

　ここでいう「密教福祉」は密教のすべての教理経典に基づいて構築するものではない。「密教福祉」はインド密教、チベット密教、中国密教、日本密教のすべての歴史をふまえて、またそれに基づいて成立させようとするものではない。「密教福祉」は、空海がインド密教、チベット密教、中国密教、日本密教等そのすべての密教に影響を受けつつも独自に考え出した真言密教との関係性において展開しようとするものである。

　したがって、ここでいう「密教福祉」とは、「空海福祉」そのものということができる。空海の真言密教の思想にその理論的基盤をおくものである。

　空海の著書や実践のなかから社会福祉の思想や哲学を明らかにし、現代社会福祉のフレームワークにしようとするものである。

　従来の社会福祉の歴史における空海についての紹介は、吉田久一による次のものが代表的である。

　「空海は主著『十住心論』で、「四無量」「四摂」「利他」の行を「菩薩の道」と述べている。とくに「四恩」は空海福祉の特徴である。四恩中「衆生恩」がとくに重要で、「四恩」を福祉思想に定着させた一人が空海であった」とし、「空海福祉の実践的思想は「綜芸撞智院」の「弐・序」にある。空海は「貧賤の子弟」のために院を建てたことを述べ、師の資格として「四量・四摂心」をもち、「仏性」の平等性を基準として教育しようとした」。

　この吉田の理解が空海の社会福祉実践の解釈の一般論ということができるかもしれないが、誤りではないが、これは空海思想の本質ではない。

　確かに、空海の主著は『秘密曼荼羅十住心論』十巻と『秘密宝鑰』三巻とであって、その他の多くの著書はこの両論に集約されている。しかし、その

前提である両部の大法といわれる「大日経」、「金剛頂経」が、即身成仏の実現を眼目するのが空海密教の基本的立場である。即身成仏は自分自身の即身成仏ではなく一切衆生の即身成仏であることも空海密教の特徴である。

『秘密曼荼羅十住心論』は、即身成仏思想の密教的世界観に基づいて形成されていることを見逃してはならない。顕教的世界観を前提とした理解は、その本質を見逃してしまう。

空海密教は『秘密曼荼羅十住心論』において人間精神の発達段階を明らかにし、人間思想の形成順序を明確にしている。

しかし、空海密教の最大の中心的テーマは、「即身成仏」である。空海の著書「即身成仏義」において展開される理論的、実践的教判が最も重要である。

「成仏」についての顕教的理解は、①成仏するには煩悩を消滅させることが必要であるが、現在生きている身体には煩悩があり、長期間修行しなければ煩悩は消滅しないとする三劫成仏、②後生を阿弥陀如来にすがって、成仏するという来世成仏、死後成仏である。

空海密教の「成仏」は、この身このまま成仏できるとし一切衆生、山川草木等生きとし生けるものすべて成仏できるという考え方であった。この考え方は、現世を肯定的にみて、現世において救われるべきであり、来世において救済されようとすることを否定的にみている。

いま生きているこの現世においてこそ救われるべきであり、過去世を悔い、未来世に希望を託すような立場には立たないのが、空海密教の基本である。

まさしく、かつてから社会福祉の対象者は、障害者であれば、その出自を問われ、過去を問われていた。低所得者は、怠惰を問われ、厄介な存在とされ、高齢者は、面倒な存在とされた。そこから抜け出すのは、生まれ変わらなければ抜け出すことができず、この世では救済されえない人々であるという認識の下に、「成仏論」が展開された。

空海密教は、この世にどのような形で存在してもすべての事象が成仏すると説いた。この次に生まれ変わってくるときに、祈りをとおして普通の人間に生まれ変わってくるようにとは説かなかった。この世ですべてのものが平等に成仏すると説いた。

顕教と空海密教の違いは、現状認識の違いが最も大きいのではないかと考

える。顕教は未来にその夢を託し、空海密教は現在において幸福になることをめざした。

　空海密教は、現在のこの世でどうすれば豊かで幸せな生活を送ることができるのかを最優先にするという「積極的・能動的」自立生活を考える。顕教はこの世で苦しいことに耐えてあの世で豊かで幸せな生活を送ることができるのかを最優先に考えるという「消極的・受動的」自立生活を考える。

　社会福祉問題が、現代ほど普遍化・一般化している時代はない。社会福祉問題の普遍化・一般化は誰にでも関係があることであり、人生上さけてとおることのできないこととなっている。誰にでも関係がある社会福祉問題を現在、この世で解決しようとする努力こそが、空海密教の即身成仏思想の本質ということができる。

　従来の極貧対策的な最低限の生活を保障する社会福祉から個人のニーズに合ったサービスを最適基準において提供することが現代の社会福祉に求められている。

　ミニマム（最低）からオプテマム（最適）への流れのなかで、現代の社会福祉問題が議論されていることを考えるべきである。

　人々は、人生の最後の最後まで輝いて、安心して死を迎えられることこそ求められているのではないだろうか。そのための現代人にマッチした基本的信仰のかたちは、空海密教にあるのではないかと考える。

　空海密教は、曼荼羅の「能動的包摂性」と「相互供養」をその基本的軸として、現代の社会福祉問題の基本的基盤となっているものと考える。

4　密教福祉の今後

　日本の現代社会福祉の基盤的アイデンティティーは、「法」と「公的責任」である。そのために日本の社会福祉は、飛躍的に発展してきたという側面があることは否定できない。

　しかしそれは、最低生活を保障するだけの貨幣的ニーズを充足するだけの社会福祉においてのみ有効であった。現代の社会福祉の中心は、非貨幣的ニーズであり、個々人の最適生活を保障することへと変化してきている。

そのために従来のフレームワークでは、対処しきれないようになってきている。欧米の社会福祉は、その前提としてキリスト教を基盤にすることが、基本的了解事項になっているため、現代日本の社会福祉における宗教、思想、哲学との関係性において根本的な議論の余地があまりない。

　1945年以降の日本の現代社会福祉は、宗教を排除することから始まったので、経済的に豊かになった現代において心の問題、スピリチュアルな問題について宗教的観点から議論し合う基盤すら存在しない。

　諸外国における終末ケアへの対応は宗教者にとって欠かせないものとなっている。そして、死が誰にとっても普遍的なものとして受け入れられ、自分が信仰する宗教によって明らかな死を迎えられることがごく普通のこととなっている。

　日本の終末は、ほとんどが病院で迎えるため死の厳粛性もあまりなく機能的な死を不安のもと寂しく迎えるのが一般的である。

　日本のこれからの社会福祉は、宗教をタブー視せず積極的に取り入れる場面が会ってもいいのではないかと考える。しかし、宗教といっても多種多様であり、それぞれ独自の教義から成り立っている場面が普通である。

　仏教においても多種多様な宗派が数多く存在し、それぞれ独自の教義が存在する。これからは、それぞれの教義と社会福祉問題について、各宗派がその関係性を明らかにしどのように対応するのかについて示すべきときにきていると考える。

　歴史的に見て、浄土宗や曹洞宗等と比較しても、ごく一部を除いて真言宗は、社会福祉問題に対して積極的ではなかったのではないかと思われる。

　密教における社会福祉思想の立場を明確にして、その信仰に基づいて、具体的な実践活動を展開することが、密教者においても密教教団においても社会的に求められているのではないだろうか。

　空海密教の中心課題は、「即身成仏」である。その「即身成仏」は現世において、すべての生きとし生けるものが、この身このまま成仏できるという現世肯定の教えである。

　この「即身成仏」の教えは時空を超えて現代の人々に示している基本的テーマである。

「即身成仏」を図式化した曼荼羅に表現される「相互供養」の精神は、現世を機能的社会から共同的社会へ移行する基本的考え方である。
　空海密教が、密教以外の仏教徒の違いを明らかにするとすれば、「即身成仏」が積極的・能動的社会福祉であり、「三劫成仏」「死後成仏」は消極的・受動的社会福祉ということができる。
　また、空海密教は、「即身成仏」における理論と実践の統合によってはじめて展開されるという特徴をもっている。
　空海が、自らの思想を背景にした数々の実践は、すべてを如実に語っている。空海にとって、満濃池や益田池の修築、綜芸撞智院の開設などは当然の帰結であった。
　現代の空海密教の解釈でいえることは、密教者にとって、研究室にこもって文献を紹介することでもなければ、寺院で説法することでもなければ、葬式仏教に加担することでもない。現代の密教者に求められているのは、現代の最大の社会問題である社会福祉問題に対して、どう考えどのように実践するのかである。
　空海自身が生きた時代において、空海が持った問題意識のレベルに我々密教者が立ちうるのかがいま問われているのではないか。
　「密教福祉」が体系化された学問であるかどうかが問題ではない。要は密教者が、現代に対して正面を向いて立ち向かえるのかどうかが問題ではあるまいか。

第2章　密教福祉の視点と展開

1　より良い社会にする

　戦前までの社会福祉問題は「自助」、「共助」によって解決をはかろうとし、それでもどうしても解決できない場合だけ「公助」による救済がなされた。そのような中で、民間の篤志者として仏教者や寺院・僧侶が活躍をし、同時に仏教への帰依者も増えるという効果をももたらした。現代では社会福祉問題への対応が憲法で保障され、国家責任でなされるため寺院僧侶や仏教者は、全く出る余地がない。

　戦前の仏教者や寺院・僧侶が活躍した時代は、現代のように必ずしも物質的には豊かではない。けれども、精神的な支えとなり、援助を求める人々との親鸞の「同悲」、日蓮の「同苦」、空海の「同行」を通して、個人・家族・地域が一体的共同体として「貧しいけれども楽しい」生き生きとした生活を送っていた。「豊かだけれども苦しい」現代とは大きく違っている。

　しかし、ここで短絡的に昔は良かったといっているのではないし、まして昔に戻ったほうがいいといっているのでもない。

　これからの社会は、かつて活躍した仏教者や寺院・僧侶のなかでさまざまな先師のエッセンスを現代にとりいれ、さらに「より良い社会」にしなければならないと考える。

2　仏教福祉が求められる背景

　現代社会ほど豊かな社会はどの時代にも存在しなかった。しかし一方、特にバブル経済が崩壊して以降はモラルハザード（道徳観の欠如）がはなはだしく、「民主主義」や「人権」の風化、陰湿な「差別」の横行、学校での「い

じめ」、地下鉄サリン事件、和歌山・長野・新潟の毒物混入事件、警察官の不祥事等々いずれも、時代の閉塞的状況と混迷的状態を写し出している。

混迷する現代社会における外面的な社会的制度やシステムは、ある程度整備されてきているが、人間自身の内面的な心や精神、思想、理念には何の指針も存在していないかにみえる。ただ拝金主義的傾向だけが一人歩きして、すべての基本指針のように思える。

仏教は現代社会の外面的規範だけではなく、人間の内面的規律を整えることが重要な課題であるとされる。

現代社会の閉塞的状況のなかで仏教の「自他不二」を中核とした「慈悲」の思想、社会福祉的にいえば「共生」の思想の実践が強く求められている。特に密教の「即身成仏」思想は現代に最も求められている福祉思想である。

3 仏教福祉の基本となる思想

以下、仏教が社会福祉思想と関連があると考える代表的な7項目に着目した。

①は、慈悲の思想すなわち菩薩行である。「慈」は「いつくしみ」を意味する友愛であり、「悲」は「他者の苦」に同情し、これを救済しようとすることである。
この「慈悲」は、自分と他人の対立を超えたところの「自他不二」であり「他人の苦」に同情し、共感することである。菩薩行はその実践であり、「上求菩薩・下化衆生」という言葉に端的に現れている。苦しんでいる人の身になって、救おうと発心し実践することは仏教福祉の基本的思想である。

②は、「縁起」の思想である。仏教は現実の苦悩の姿をしり、そこからの解脱を目標とした。そして自分を否定して、他人の苦を自分の苦とみる。現実のできごとと理想との相互矛盾が否定しつつ依存しあう「相互依存」(インターデペンデンス)から発する平等的共生観が仏教福祉の基本的思想となっている。

③は、「空」の思想である。日常生活を矛盾とみながら否定しつつ、そこから「煩悩即菩提」「生死即涅槃」「世間即如来」を理想とし仏道を修行しよ

うとした。常によりよい生活をめざし、理想をもって生きようとする努力こそ仏教福祉の基本的思想である。

④は、「戒律」の思想である。仏道の修行のなかで最も大切なことは五戒（不殺生・不偸盗・不邪淫・不妄語・不飲酒）を保つことである。特に「不殺生」（アヒンサー）は殺さないということだけではなく、よりよく生かすということがその本旨である。相手をよりよく生かすということは仏教福祉の基本的思想である。

⑤は、「衆生観」の思想である。人間にとどまらず、生命あるもののすべてに「仏性」があり、「生きとし生けるもの」すべての生物、自然環境にたいして愛護すべきことを説いている。生命を大切にし、人権を守り、自然を守り、くらしやすい「世間」にすることが仏教の基本的教えであり、それが仏教福祉の基本的思想である。

⑥は、「仏国土」の思想である。仏教にとって社会的な地位や収入、学歴や出自などは何の意味ももっていない。社会的な地位や収入、学歴や出自を越え「生きとし生けるもの」すべてに対して「幸福」を志向することが本来である。すべての生きるものが平等に暮らしていくことのできる「仏国土」の建設こそ最も尊いとされる。それが仏教福祉の基本的思想である。

⑦は、「布施」の思想である。「布施」には衣食住などを提供する財施・教えを知らせる法施・恐れを取り除く無畏施の三施がある。そこには与えるものと与えられるものが上下の関係ではなく、また持てるものが持たざるものに提供するのではなく、そのすべての執着からはなれた「無我」の実践である。

しかし、以上のような仏教思想は、昭和20年に戦争が終了すると同時に、全くといっていいほどその関わりにおいて姿を消してしまった。

もちろん、現代でも多くの仏教者が、社会福祉に関係している。むしろ他の宗教者よりも仏教者の数のほうが最も多いのではないかとさえ思う。

しかし、ここでいう仏教福祉とは仏教者が現代社会福祉の枠組みでの活動していることとは似て非なるものといわなければならない。

仏教福祉は、仏教思想を基本に仏教実践を社会福祉に生かすことである。現在の社会福祉の法制度に基づいてそれを忠実に実行することではない。個人の内面的な心の奥の奥まで入り込んでこれを安んずることにその本質があ

る。

　仏教福祉は、社会福祉ニーズに社会福祉サービスを提供するという表面的な社会福祉実践ではない。社会福祉実践は、仏教者の生き方そのものでなければならない。

　現代日本の社会は過去のどの時代よりも豊かだといわれている。しかし、現代社会には大きな「ゆらぎ」が存在している。そのことは、無哲学・無思想・無理念のまま物質的豊かさだけを追求してきた結果だとの指摘どおりである。

　ここでみてきた仏教福祉は、過去はけっして物質的には豊かではなかったけれども精神的には恵まれていたのではないかということを述べたかった。そして、仏教者は必ずどの時代においてもその仏教理念を具現化するために、その時代の社会問題に深く関わっていたことを我々は忘れてはならないのではないかと考える。

4　現代福祉の基本原理

　現代日本の社会福祉の理論と実践は、欧米諸国の直輸入であることはよく知られている。そして、その欧米諸国の社会福祉の理論と実践はキリスト教の考え方を基本にしたものであることは疑いの余地がない。社会福祉施設、在宅福祉サービス、地域福祉、福祉教育、ボランティアのどれをとってもキリスト教の考え方を基軸にしている。

　古代から近代まで戦前までの日本の社会福祉は、仏教を中心にしたものであった。第二次世界大戦終了後アメリカに占領された日本は、日本国憲法はじめ多くの法制度がアメリカから導入されたが、社会福祉も例外ではなかった。

　終戦後の日本は、アメリカ、イギリス、スウエーデン、デンマークなどの欧米諸国の社会福祉制度をいち早くとりいれた。

　戦前の仏教や民間の社会福祉は、完全に否定されてしまった。本来的な仏教福祉は完全に消滅してしまった。

　しかし、近年になって欧米的なものの考え方が問い直され、アジア的なも

のの考え方が見直されつつある。そのような中で仏教の考え方特に密教の教えが、今日の日本の状況に示唆を与えてくれるのではないかと期待が高まっている。

弘法大師空海の思想のなかに社会福祉の根源的思想性を見出し、日本的福祉思想のアイデンティティーの構築が待たれるところである。

5　戦後の社会福祉思想

戦前は仏教思想が、社会福祉実践を下支えしてきた。しかし、戦後は仏教と社会福祉は分離してしまった。社会福祉と宗教を切り離し、日本国憲法第25条により日本の社会福祉は、①国家責任、②給付制限の撤廃、③無差別平等の原則が国是とされた。戦後日本の社会福祉は、すべての出発点が日本国憲法第25条となった。日本国憲法第25条によって政策と実践は展開されたが、その基本的な思想や理念は封印されてしまった。

そこで、社会福祉思想として欧米から直輸入されてきたキリスト教の考え方が中心になった。そのなかで特に戦後の社会福祉思想の中心となったのは、1950年代にデンマークやスウェーデンから紹介された「ノーマライゼーション」と1990年代にフランスやイギリスから紹介された「ソーシャルインクルージョン」である。

この2つの思想が、現代日本の政策や実践に大きな影響を与えてきた。戦後日本の社会福祉思想はこの二大潮流によって形成されたといっても過言ではないといえる。

ノーマライゼーションの思想

ノーマライゼーションは、デンマーク社会省の行政官であったN・E・バンク―ミッケルセンがはじめて提唱した思想である。このノーマライゼーションという用語は、デンマークの知的障害者のための法律「1959年法」に使われ、N・E・バンク―ミッケルセンの考え方がすべてはいっている法律である。

「知的障害をもっていても、その人は、ひとりの人格をもつものであり、ノー

マルな人びとと同じように生活する権利をもつ人間である」という考え方が出発点であった。人間は他者との間にはっきりと認められる差異がある。それを否定的に評価すると「異常」（アブノーマル）だとする。その意味で異常とは我々がつくり出すものである。なぜなら見る人の目にはそれぞれの基準があるからであるとする。人間についていうなら「正常」（ノーマル）は存在せず、ハンディキャップではあってもアブノーマルは存在しないとする。すべての人間が、人間としての権利が実現するような社会の状態をつくり出していくことこそ重要だとする。

この思想の根底にはN・E・バンク—ミッケルセンの信仰である福音ルーテル派インナー・ミッションの影響が大きいとされる。インナー・ミッションは敬虔主義といわれ生活の規範になっている。

N・E・バンク—ミッケルセンの生き方のコアにキリスト教の価値があり、キリスト教に根ざす「自由」「平等」「博愛」にさらに「連帯」を付け加えたのがN・E・バンク—ミッケルセンであった。

ノーマライゼーションはヒューマニズムであるとし、あらゆる非人間的行為、反人間的行為に対してその不当性を否定するものである。

N・E・バンク—ミッケルセンの思想をさらに発展させたのは、スウェーデンのベンクト・ニーリエ（ニルジェ）であった。1969年に著書「ノーマライゼーションの原理」を発表し、世界中に大きな影響を与えた。特に、ノーマライゼーションを8つの構成要素として整理し成文化した。

①一日のノーマルなリズム
②一週間のノーマルなリズム
③一年のノーマルなリズム
④ライフサイクルにおけるノーマルな発達的経験
⑤ノーマルな個人の尊厳と自己決定
⑥その文化におけるノーマルな性的関係
⑦ノーマルな経済水準とそれを得る権利
⑧ノーマルな環境形態と水準である。

以後、この8つの構成要素は社会福祉実践の基本理念として現在でも有効である。社会福祉の発展に大きな影響を与えている。

ソーシャルインクルージョンの思想

ノーマライゼーションが特に知的障害者の人権という立場から展開されたのに対して、ソーシャルインクルージョンはその反対語であるソーシャルイクスクルージョンに対しての言葉として誕生した。ソーシャルインクルージョンはイギリスブレア政権の社会福祉の基本政策である。ソーシャルインクルージョンとは「社会から排除されている人びとへの対応策として、地域社会の仲間に入れていくこと」である。

社会の仲間になるには、教育と仕事である。例えば失業者に対する社会政策は2つの道がある。すなわち社会保障給付重視か雇用対策重視かである。

もともとソーシャルインクルージョンはフランスで生まれたものである。フランスは地域性や家族のつながりを重視する国柄である。戦後フランスはアルジェリア等からの移民が多くはいってきた。移民が都市の雑役をしていたが、高齢化した移民、国内の失業者の増加などにより外国人排斥運動が盛んに行われるようになった。

さらに、外国人だけでなくホームレスや薬物中毒者などに対しても社会的排除がなされるようになった。しかし、フランスは地域社会や家族のつながりを重視する伝統的な国民性から、ソーシャルインクルージョンの考え方が生まれ、それを社会政策の中心とするということになった。

1998年には社会的排除防止法が制定され、この法律をもとに対策が進められた。

このフランスのソーシャルインクルージョンの考え方がイギリスに影響を与え、EU全体の社会政策になった。人々を排除するのではなく包括的にすべての社会問題や生活問題を解決しようという考え方である。

日本においては、1990年の社会福祉基礎構造改革以降において、ノーマライゼーション思想だけでは解決されえない問題が残っていた。すなわち社会的排除や社会的孤立の問題である。

1990年までの社会福祉問題は、主に貧困や障害、高齢という問題であったが、これからはその問題も重要であるが、ホームレス、中国残留孤児、アルコール依存症、児童虐待、DVなどの問題をどう解決するかということも重要な問題であることが指摘された。

これからの社会福祉には新しい理念としてのソーシャルインクルージョンの考え方が必要とされ、それに基づいて新しいシステムを形成していく必要があるとされた。
　1990年の社会福祉基礎構造改革のねらいは、①対等な人権の確立、②総合的サービスの確保、③地域福祉の充実であった。
　つまり、地域社会で福祉ニーズを持つすべての人びとが対等な契約関係を結ぶことができ、必要と求めに応じてサービスを受けることができる権利を確保したということができる。
　ここでは、福祉ニーズを持つすべての人々の範囲は従来の貧困や障害、高齢に加えて、ホームレス、中国残留孤児、アルコール依存症、児童虐待、DV、難民、マイノリティー、環境破壊、外国人、同和、エイズ、受刑者などそれまで避けてきた問題、触れなかった問題、見えてこなかった問題がまだまだ数多く残っていることが明らかになった。
　日本において未解決な問題に対応する新しい思想をイギリスのソーシャルインクルージョンに求めた。ソーシャルインクルージョンはそれぞれのおかれている立場がお互いに影響しあって社会において共に生きていけるようにしようという考え方であることである。生きとし生けるものがすべて差異を認めて生きていくことのできる社会を創ろうとするものである。

6　密教福祉思想の展開

　ノーマライゼーション思想とソーシャルインクルージョン思想は戦後日本の社会福祉の中心的思想となって展開し、政策や実践に大きく展開されていった。その根底にはキリスト教の教義が存在することはいうまでもない。社会福祉は歴史的にみても宗教とはいまだかつて無縁だったことはなかったといっても過言ではないほど深くつながっていた。
　戦後日本の社会福祉は、いち早くそのキリスト教を母体にした社会福祉を輸入し受け入れてきた。現代社会福祉はキリスト教社会福祉といっても過言ではない。
　前述のように日本の社会福祉の歴史は、聖徳太子以来仏教と深く結びつい

てきた。

　その後、それぞれ仏教宗派の教学により個別に展開されていった。　　真言宗各派も空海以来多くの社会福祉を展開してきた。あまり知られていないが多くの実践者も輩出している。

　しかしながら、多くの実践者を出しながらもその思想性とどのようにリンクしていくのかについての研究は他宗派と比較してもあまり盛んではなかったといえる。真言教学と社会福祉の結びつきについて、その根底となる思想性が明確でなかったといえた。

　しかし、藤田和正（元高野山大学教授）が1996年に高野山大学密教文化に「密教福祉思想の研究」（1）が出され、その先鞭となった。以降藤田は次々と論文を発表し、密教思想と現代社会福祉との関係性について問題提起がなされた。

　2000年には密教福祉研究会が結成され、「密教福祉」が3冊出されて研究者も関心を持つ方々が多くなり、密教福祉研究会は発展して、日本密教福祉学会となり現在に至っている。

　いわゆる藤田哲学といわれる「密教福祉思想」とは、一言で簡潔にいうことは困難であるが、藤田の言葉を引用すると中核的思想は「実存的自性本覚論」（エッセンシャリゼーション）ということができる。曼荼羅に具象化された本質と方法は、その相応渉入による能動的包摂性をもって展開するとしている。

　さらに真言密教の「自然の理智として自利利他」こそ普遍的・共通的価値観であるとする立場性である。

　つまり密教は、本来的には積極的に衆生救済をその原理として内包していたということになり、真言密教はその教学からすると衆生救済を能動的に行わなければならない思想性を有していることになる。

　端的にいうと密教福祉は、空海実践の現代化だということができる。空海思想の実践化である衆生救済は現代における社会福祉の展開ということができる。

　空海の思想からも当然窺うことができる。密教福祉思想は詳しくは藤田和正の著書等に詳しい。

7　ソーシャルインクルージョンと
　　エッセンシャリゼーション

　イギリスのソーシャルインクルージョンと藤田和正のエッセンシャリゼーションとは、その中味を検討すると偶然にも多くの類似点があることに気づく。むしろ一致していると行っても過言ではない。
　ソーシャルインクルージョンは、地域社会や家族にこれまであった結びつきがなくなったかわりに地域社会や家族のつながりの方法をどうしていくのかということを目指して登場した新しい理念であった。その理念に基づいて新しいシステムをつくり、新しい実践が求められてきた。
　この理念は、ノーマライゼーションの延長線上にあるが、特に重要なのは従来の社会福祉の枠組みから拡大し、多くの社会問題・生活問題を人権というくくりで展開していることである。
　このソーシャルインクルージョンは、前述のようにフランスで生まれ、イギリスで発展したものである。したがって、その思想性はキリスト教の影響を受けながらも、1990年代から登場してきており、従来から存在する古い考え方ではない。
　一方、藤田和正のエッセンシャリゼーションは、空海思想を丁寧に検討した結果として展開された哲学である。空海は今から1200年前に真言密教という独自の教理と思想を考え出した。その思想の中心は、「即身成仏」である。それまでの大乗仏教運動の「一切衆生悉有仏性」の考え方を進めて、「本来成仏」している当体としての「即身成仏」を提起した。その著『即身成仏義』は「即身成仏偈」である二頌八句を掲げて説明している。
　成仏の当体である大日如来が私のなかに存在し瑜伽なる状態、不離なる状態、加持なる状態であることを確認している。
　日本の社会福祉の歴史は、仏教と長く深く結びついてきた。戦後、宗教と社会福祉の分離政策が取られ、仏教思想との決別がなされた。それに代わって登場したのが日本国憲法第25条を基本に展開された政策と、北欧やイギリス、アメリカから導入された政策や実践であった。

そのなかで導入されたノーマライゼーション思想は戦前からあった浄土宗の共生運動と類似点が多々あるし、ソーシャルインクルージョン思想は、空海思想と類似点が多く見られ、特に藤田が主張するエッセンシャリゼーション思想はその基本を比較すると多くが一致している。
　つまり、一見すると戦後の社会福祉は、キリスト教の影響にあるということが定説となっているが、比較研究を試みると日本独自の思想性と遭遇する。
　これは、偶然なのか必然なのか検討の必要があるが、従来からいわれているように現代社会福祉は仏教とは分離されているところで展開されているということに疑問を呈する必要がある。

第3章　密教と福祉のリレーションシップ

1　宗教の必要性の再認識

　弘法大師空海の入唐求法は、あらゆる意味において日本に大きな影響を与えていることは歴史が証明している。もしもこの入唐求法がなかったら、正純密教が日本に伝わらなかったばかりでなく、今日の日本のかたちや仕組みにも大きな影響があったといっても過言ではない。

　さらに、空海が日本に帰ってから、独自の真言密教を開教し、以後の日本仏教に大きな影響を与えているが、そればかりでなく空海の教育、文化、社会福祉など多岐にわたる実践もなかったかもしれないのである。

　空海の数多くの業績のなかで、入唐求法により得てきたものは、多大なるものがある。入唐求法がなかったら空海独自の真言密教がなかったばかりでなく、今日の真言宗のかたちもなかったということができる。

　空海が日本にもたらした社会福祉は、その時代のもっともアップツーデート（最新）なものであった。その後の歴史において、注目すべき社会事業の事柄や人物が真言宗系のなかから数多く出ていることは偶然ではない。

　第二次大戦までは、社会福祉はすべての寺院住職や僧侶の徳目として重要な徳目であった。大正時代には仏教者の社会福祉がもっとも隆盛した時期でもあったが、第二次大戦以後の社会福祉は、脱宗教化政策のなかで禁止され全く影をひそめてしまった。寺院における社会的活動も全くなされなくなってしまった。

　しかし、現代において、宗教と社会福祉について再び議論がなされるようになってきた。やはり、人が生きていく上で宗教の必要性が再認識されるようになってきた。仏教各宗派においても独自の社会的活動が実践されるようになってきた。

この小論においては、弘法大師空海と社会福祉との関係性を明らかにし、密教と福祉について考察するものである。

2　現代社会福祉の流れ

現代社会福祉は、1945年の終戦以降、GHQの占領政策によってその枠組みが確立された。そのなかにおいて①国家責任の確立、②無差別平等の原則、③給付制限の撤廃を基本原則としたいわゆる社会福祉3原則が確立された。

さらに現代政治原理であるところの政教分離政策によって、宗教による行政への関与をはじめとして社会福祉行政への関与も徹底的に排除された。以降、政教分離は現代社会福祉の推進上、厳密に守られてきたテーゼであったことは疑いの余地がない。

しかし、一方で社会福祉の実践現場においては、政教分離はしばしば議論されてはきている。例えば、学校や保育所、老人ホームなどでの花祭りやクリスマス会の開催、地鎮祭や地域のお祭りなど宗教と慣習の接点においてその是非がしばしば議論されている。

いずれにしても、戦前の反省から必要以上の政教分離がありとあらゆるところで徹底して行われてきたことは事実である。

さらに現代社会福祉は、国家による必要最低限の「法律に基づいた社会福祉」を限定的に実施することであったために、いつのまにかそれが普遍的社会福祉であるかのようになってしまった。後になって、公私協働を推進することになるが、国家による必要最低限の「法律に基づいた社会福祉」を払拭するのに大変な努力が必要になる。

社会福祉の要援護者であれ従事者であれ、社会福祉に関係のある人々は、その処遇や待遇について国家や地方自治体に要望・要求することが日常化し、それが社会福祉の発展のためであるかのようなことになってしまった。

また、社会福祉の公的責任性が強調されるあまり、国家や地方自治体がすべての社会福祉問題に対してオールマイティーに推進する機関であるかのようになってしまったことも事実である。

しかし、社会福祉の支援を必要としている人々の毎日の生活は、社会福祉

のフォーマルなサービスが充実されれば解決され満足されるという単純なものではない。衣食住が充たされればすべて幸福ということでもないし、金品が充たされればすべて豊かであるということでもない。人々の毎日の生活には、法律に書いてあることを必要十分なだけ供給すれば、すべてが解決するものでもない。

人々の生活のなかには、地域性や生活習慣、宗教行事や食生活、友人や近隣、親類などとの付き合い等インフォーマルなつながりのほうがむしろ多い。

しかしながら、それにもかかわらず一度社会福祉の支援が必要になったときには、フォーマルなサービスばかりが優先して提供される仕組みになっているのが現状である。例えば、介護が必要になったとしたら、法律に基づいたサービスが提供される。そこには、それまで培っていた個人的なインフォーマルネットワークがすべて断ち切られてしまう。

現在の社会福祉制度は一旦要介護者になって、施設福祉サービスや在宅福祉サービスを受けようとすると、法律に基づいたフォーマルなサービスが提供される。その社会福祉サービスは、要介護者のために最低限必要なサービスであることは疑いの余地はないが、問題は、要介護者の人間的つながりなどのインフォーマルネットワークすべてが、断ち切られてしまうことである。

国家による必要最低限の「法律に基づいた社会福祉」の提供を重視するあまり日本の社会福祉サービスの中味が具体的に衣食住を充たすことに心血が注がれる。その結果、社会福祉サービスを受けながら、精神的な意味において社会福祉施設や在宅において豊かな老後を送ることは大変難しくなっていることも事実である。

ごく一般的にはあたりまえの地域性や生活習慣、宗教行事や食生活、友人や近隣、親類などとの付き合いなどは、社会福祉サービスをうける人びとにとって軽視されてきたのではないか。

特に人間の終末における社会福祉サービスのあり方においても、機能的・非人間的に過ぎていたのではないか。

戦後70年を経過した現代において、その最低限の社会福祉的援助から脱皮して、要介護者になっても住みなれた場所で社会福祉サービスを受けながら家族や近隣、友人に囲まれて生活ができることを主眼とした地域福祉の考

え方が台頭し、これからの社会福祉的援助は、経済的援助の側面ばかりでなく、精神的援助の側面や文化的援助の側面においても重要な位置が与えられようとしている。

特に高齢者にとっては、精神的援助の側面としての、宗教的援助の側面は高齢者の日々の生活を支える上で重要な部分である。にもかかわらず、現在の日本における精神的支えとしての宗教的援助は、社会福祉サービスのなかには存在しないといっても過言ではない。

日本の社会福祉の原点は、1945年以降に制定された日本国憲法第25条の規定によるものである。よって近代社会福祉は、国による「法律に基づいた社会福祉」に限定的に実施されてきた。

国による社会福祉は、国家権力の積極的な介入によって、統制的に行政組織と行政権力によって推進される。そこには、精神的風土の特性を基盤にしたり、その他の機関や組織、思想や哲学、宗教が介在する余地がない。したがって、いまの日本の社会福祉は、日本における戦前や欧米などのように宗教が社会福祉に対して大きな力をもっていた時期とは大きく異なってしまっている。

国による「法律に基づいた社会福祉」を限定的に実施してきた日本においては、公的な支配に属さない、公的な領域ではないとされた社会福祉は全くといっていいほど育たなかった。例えば、純粋な民間社会福祉であるはずの社会福祉法人は、行政からの補助金だけで事実上運営しているし、民間資金である共同募金の集金システムも半ば強制的に自治会で行っているなど行政の介入がなければ成立しない。

社会福祉が必要最低限の生活を充足するためだけの経済的側面からのアプローチだけの時代であったら、思想や哲学、宗教などは不必要であった。しかし、現代においては、個人が自立生活をしていく上で必要なのは、経済的側面だけではなく、精神的文化的側面においても同じように必要である。

戦後の日本の社会福祉は、無機質的であり、キリスト教からの「博愛」や仏教からの「慈悲」とは一切関係がないという立場をとってきた。

繰り返しになるが、社会福祉が未成熟な段階において、経済的側面だけをカバーすればこと足りるという「最低生活保障」を確保しようとしたときに

は、国家による全面的救済が必要だったといえるかもしれない。ミニマムを確保しようとするときは、公的責任において政策を実行することがより有効であるかもしれない。

しかし、社会福祉ニーズがより多様化した現代においては、個々人によってその社会福祉ニーズが大きく異なり救済や援助は経済的側面においてだけという単純なことではなくなってきている。特に高齢者にとって、衣食住のほかに自分の信仰する宗教によって安らかな死を迎えたくなることが多いのではないか。

3　宗教的ケアの必然的展開

第二次世界大戦後においては、社会福祉はいわゆるＧＨＱ３原則（社会福祉の国家責任、無差別平等の原則、給付制限の撤廃）によって、戦前豊かに民間レベルで行われていた仏教社会福祉がまったく影を潜めてしまった。

戦後の宗教界、特に仏教界は、戦前どころか江戸時代の寺請制度（寺檀制度）に逆戻りしてしまった。

もはや仏教界は、生きとし生けるものに対してではなく、死者の野辺送りを担当する形式的な宗教的通過儀礼の執行者としての役割となってしまった。日本における宗教特に仏教は、過去の遺物となってしまった感があることを否定できない。

一方で戦後日本の社会福祉は、戦後まもなくから現代に至る 70 年の間は①金銭的ニーズ、②物質的ニーズへと時系列的に変化してきた。戦後まもなくの救貧対策の時代においては、金銭的ケアが最も必要であり、痴呆性老人やねたきり老人、障害者問題への対策の時代は社会福祉施設やサービスを提供する物質的ケアが必要とされた。

さらに金銭的ケアや物質的ケアが、一定限度充足されると生活問題を抱えつつも生きがいを持って生活したいとする新たなケア、つまり精神的ケア（spiritual　care）が求められてきている。

現代の社会福祉の内容が、ミニマム（最低）サービスからオプティマム（最適）サービスへ、さらに自立生活支援へと変化していることもそのコンテキ

ストからは充分に推察はできるものである。

　しかし、精神的ケアについては、ビーハラなどのホスピスやペインクリニックなどにおいてその取り組みが緒についたばかりである。また、医療的側面での補充的なケアにとどまっているのが現状ではないかと考える。

　諸外国で精神的ケア（spiritual　care）という場合、その意味として宗教的ケアが内包されている。欧米諸国やアジア諸国では、むしろ宗教的ケアは、社会福祉サービスの中心でさえあるのではないかと考える。

　混迷する現代日本において、最近ようやく宗教的ケアが必要とされつつあるのではないかと考える。もっとも日本においても、平安時代以前から戦前にいたるまで社会福祉に宗教特に仏教が深くコミットしてきたのであるから、その基盤的土壌は少なくとも存在はしているのかもしれない。しかし、戦後から現在までは、むしろ積極的に宗教を社会福祉から排除する形で展開されてきた。

　戦前までの数多くの宗教者は、社会福祉活動を日常の宗教活動そのものとして積極的に行動してきたが、戦後の宗教者は、一部を除いて社会福祉活動はしなくなってしまった。宗教学者は、文献学、文献解釈学に大いなる力を注ぐようになってしまったし、宗教実践者であるはずの寺院住職は、通過儀礼を執行するだけの存在となってしまっている。

　全国18万宗教法人、寺院だけでも9万ケ寺ある宗教施設がそれぞれの地域において社会福祉活動を組織的に展開されれば、日本の社会福祉は大変豊かなものになるだろう。

　これからの日本の社会福祉実践のなかにおいて、宗教的ケアが第4のケアとして必要となってくるのではないかと考える。

　これからの社会福祉は、地域で自立生活をしていくための何らかの支援を受けながら自分らしく生きていくことが求められている。地域で支援する立場のソーシャルワーカーにも宗教的ケアについての素養が必要ではないかと考える。

　しかし、宗教的内容に関する個々人の信仰はきわめて個別的である。それぞれが個別的に信仰する教理や宗派、教団、寺院、教会、僧侶など実にさまざまである。ケアを受けたい人によってすべて違うといっても過言ではない。

個々人の宗教の普遍性などないといっていいのではないか。しかし、換言すれば安心を得られて終末を迎えることができる個々人に適した宗教を見出し、真に信仰でき納得できることが必要なのではあるまいか。

今の日本人の終末ケアは、何もない狭い病院の一室で点滴の管だらけで死んでいくという誠に悲惨なものである。日本人は生きている人の尊厳や権利は声高らかに言うけれども「死の質」（クオリティーオブデス）はあまり言わないできた。

そもそも宗教というのは、社会・文化・習俗のなかで息づいてきた外面的な宗教と人間の心の問題として内面的に安心を保とうとする宗教との二面性がある。人間が宗教を求めるのは「最後の審判」「黄泉の国」へ行くことの死への根源的な恐怖や不安に大きく関わって存在してきたといえる。人間は常に根本的な不安や疑問がある。

宗教はその教理や経典を学ぶことによって突然の「ひらめき」や「気づき」を得たり、巡礼などの宗教的体験を通して突然ある種の「確信」が得られたりすることがある。そのことが死の間際の安心に変化しうると考える。そのような意味において宗教的ケアが必要なのである。

ソーシャルワーカーの役割は、宗教の専門家になることではなく、宗教に関する初歩的な知識と経験を身につけ、宗教的ケアを望む人と提供できる人を切り結ぶことができることを期待している。個々人に合致したさまざまな宗教や教団の教理を個別的に提供できることが求められている。

そして各々の宗派によって宗教的ケアに専門家を養成する必要があるのではないか。高野山真言宗では、密教福祉研修会の開催や密教カウンセリング講座、スピリチュアルケアワーカー講習会の開催をし、社会的要請にこたえようとしている。さらに、宗教各派においても種々取り組んできている。

真言密教は、「大日経」「金剛頂経」を所依の経典として成立した。日本において弘法大師空海が独自に開教したのが真言密教である。これが現代に通じている正純密教である。教理の中心は「即身成仏」である。

通常、仏教は凡人であるわれわれが、仏に成る（悟りを得る）ためには苦しい修行（徳行）を積んでその結果として極楽浄土に行くことができるという教えである。この世を「苦」をとらえそれから逃れるためには修行を続け

その結果として成仏するという教えである。

　それに対して密教は、死んでから極楽浄土に行くのではなく、われわれは元々成仏していると考える。多くの人が普通それに「気づき」がないだけだと考える。悟っているから修行が続けられているのである。その修行の方法も手に印を結び、口に真言を唱え、心を三摩地に住する三密行のことである。三密行を修することによって速やかに仏と個人が一体化して安心を得ていくと考える。

　この身このままこの世において生きている間に幸福になろうとする思想が、空海の真言密教の中心的命題なのである。現実をあるがままに肯定し、受け入れ、自然な形で成仏できると考える。

4　密教における社会福祉の立脚点

　真言宗は、社会福祉に対してはあまり熱心でない宗派とみられている。しかし、真言宗の宗祖弘法大師空海は、その思想を説く以前に自分の足で実践をしていることがよく知られている。全国をくまなく歩き数多くの伝説を残していることは周知のことである。また、社会的実践活動や教育活動も数多く史実に残っている。

　また、「密教福祉」は密教の教理経典に基づいて構築するものではない。「密教福祉」はインド密教、チベット密教、中国密教、日本密教の歴史をふまえて、またそれに基づいて成立させようとするものではない。「密教福祉」は、弘法大師空海が独自に考え出した真言密教との関係性において展開しようとするものである。

　したがって「密教福祉」とは「空海福祉」ということができる。「密教福祉」は空海の真言密教の思想にその理論的基盤をおくものである。

　空海の著書や実践のなかから社会福祉の思想や哲学を明らかにし、近代社会福祉のフレームワークにしようとするものである。

　空海密教は『秘密曼荼羅十住心論』において人間精神の発達段階を明らかにし、人間思想の形成順序を明確にしている。その前提である両部の大法といわれる「大日経」、「金剛頂経」が、即身成仏の実現を眼目とするのが空海

密教の基本的立場である。即身成仏は自分自身の即身成仏ではなく一切衆生の即身成仏であることも空海密教の特徴である。

空海密教の成仏は、この身このまま成仏できるとし一切衆生、草木等生きとし生けるものすべて成仏できるという考え方であった。この考え方は、現世を肯定的にみて、現世において救われるべきであり、来世において救済されようとすることを否定的にみている。

いま生きているこの現世においてこそ救われるべきであり、過去世を悔い、未来世に希望を託すような立場には立たないのが、空海密教の基本である。

まさしく、かつてから社会福祉の対象者は、障害者であれば、その出自を問われ、過去を問われていた。低所得者は、怠惰を問われ、厄介な存在とされ、高齢者は、面倒な存在とされた。そこから抜け出すのは、生まれ変わらなければ抜け出すことができず、この世では救済されえない人々であるという認識の下に、成仏論が展開された。

空海密教は、この世にどのような形で存在してもすべての事象が成仏すると説いた。この次に生まれ変わってくるときに、祈りをとおして普通の人間に生まれ変わってくるようにとは説かなかった。この世ですべてのものが平等に成仏すると説いた。

顕教と空海密教の違いは、現状認識の違いがもっとも大きいのではないかと考える。顕教は未来にその夢を託し、空海密教は現在において幸福になることをめざした。

空海密教は、現在のこの世でどうすれば豊かで幸せな生活を送ることができるのかを最優先にするという「積極的・能動的」自立生活を考える。顕教はこの世で苦しいことに耐えてあの世で豊かな幸せな生活を送ることができるのかを最優先に考えるという「消極的・受動的」自立生活を考える。

社会福祉問題が、現代ほど普遍化・一般化している時代はない。社会福祉問題の普遍化・一般化は誰にでも関係があることであり、人生上さけてとおることのできないこととなっている。誰にでも関係がある社会福祉問題を現在、この世で解決しようとする努力こそが、空海密教の即身成仏思想の本質ということができる。

従来の救貧対策的な最低限の生活を保障する社会福祉から個人のニーズに

合ったサービスを最適基準において提供することが現代の社会福祉に求められている。

ミニマムからオプティマムへの流れのなかで、現代の社会福祉問題が議論されていることを考えるべきである。

人々は、人生の最後の最後まで輝いて、安心して死を迎えられることこそ求められているのではないだろうか。そのための現代人にマッチした基本的信仰のかたちは、空海密教にあるのではないかと考える。

空海密教は、曼荼羅の「能動的包摂性」と「相互供養」をその基本的軸として、現代の社会福祉問題の基本的基盤となっているものと考える。

5　密教に求められる社会福祉

社会福祉は、「物と心の両面からアプローチする社会福祉援助の展開と方法」を問題にする分野である。「物」だけでも「心」だけでも成立しない。

日本においても欧米においてもその社会福祉の歴史を概観すると、はじめに社会福祉は「心」の問題として登場する。そのことは貧困などの社会福祉問題を個人の怠惰や努力不足のせいにしがちである。そして、気の毒な人々に対して同情し、そのなかから篤志者や宗教者が活動するという構図が成立していた。

日本における社会福祉の著名な先達者が多く排出しているのは、平安時代以降第二次大戦までである。第二次大戦以降はあまり著名な先達者は出ていないことも社会福祉を「心」の問題としていることと無縁ではない。しかし、社会福祉は「心」の問題だけとしているだけでは解決しない。

第二次大戦以降の社会福祉は「物」の問題としてクローズアップされてくる。欧米から科学的なソーシャルワークの方法が紹介され、制度や政策、臨床や実践について飛躍的に発展した。その後、貧困問題や社会福祉サービスの内容について「物」の部分だけは充実されてきた。

今日の日本の社会福祉は、財やサービスは国際的水準からみても大幅に充実しているといえる。

しかし、必要最低限の「物」を提供するだけの社会福祉もやはり限界があ

る。最近の社会福祉問題は、児童虐待、高齢者の生きがい、終末ケアなど「物」だけでは解決できない問題が山積している。

　これからの社会福祉は、「物」を提供するだけの社会福祉から「心」を提供する社会福祉も合わせて構築しなければならない。

　宗教者は、現代において起こっているさまざまな問題にリレーションシップし、コミットしていくことが求められているのではないだろうか。特に密教者は、弘法大師の理論と実践に基づいてしっかりと社会的活動を展開することが求められている。

第4章　密教における宗教的ケア

1　宗教的ケアの必要性

　弘法大師空海の思想と実践を現代の社会問題や生活問題の解決の方向性を示唆しようとするのが「密教福祉」、「空海福祉」である。現代の社会問題や生活問題についての対応の基本的考え方を援用しようとするものである。

　1200年前に説かれた弘法大師空海の教理の普遍性は、現代においても十分にその思想性において通用するものと考えている。

　そもそも社会福祉は、その長い歴史において国内外を問わず宗教（Religion）と深く関わりをもって発展してきた。

　社会福祉の詳しい歴史については、ここで述べることは割愛するしかないが、日本においては、特に明治初期にキリスト教禁止が廃止になって、キリスト教者によって慈善事業や救済事業が積極的に展開され、数多くの歴史に残る足跡を残していることは、歴史が証明するところである。

　そのキリスト教の活動に刺激され、仏教界においてもまた数多くの歴史に残る足跡を残していることもまた歴史が証明するところである。そして明治の後期から、仏教社会福祉が組織的に展開され、大正期には仏教社会福祉がかつてないほど盛んになってくる。

　真言宗においても、大正7年には高野山真言宗宗務庁に社会課が設置されたり、豊山派や智山派に社会事業協会が設置され、数多くの仏教社会福祉が展開され成果も得られていることが知られている。

　しかし、第二次世界大戦後においては、社会福祉はいわゆるGHQ 3原則（社会福祉の国家責任、無差別平等の原則、給付宣言の撤廃）によって、戦前豊かに民間レベルで行われていた福祉がまったく影を潜めてしまった。戦後の宗教界、特に仏教界は、戦前どころか江戸時代の寺請制度(寺檀制度)に逆

戻りしてしまった。

　もはや仏教界は、生きとし生けるものに対してではなく、死者の野辺送りを担当する形式的な宗教通過儀礼の執行者としての役割となってしまった。日本における宗教時に仏教は、過去の遺物となってしまった感があることは否定できない。

　一方で戦後日本の社会福祉は、戦後まもなくから現代に至る57年の間は、①金銭的ニーズ，②物質的ニーズ，③精神的ニーズへと時系列的に変化してきた。戦後を代表する社会福祉学者の三浦文夫による貨幣的ニーズから非貨幣的ニーズへの変化といってもいいのかもしれない。

　金銭的ニーズが貨幣的ニーズにあたり、物質的ニーズと精神的ニーズが非貨幣的ニーズにあたるといってもいいのかもしれない。しかし三浦は宗教的ニーズについては、筆者の知るところでは明らかにしていない。

　戦後まもなくの救貧対策の時代においては、金銭的ケアが最も必要であり、痴呆性老人やねたきり老人、障害者問題への対策の時代は社会福祉施設やサービスを提供する物質的ケアが必要とされた。

　さらに金銭的ケアや物質的ケアが、一定限度充足されると生活問題を抱えつつも生きがいを持って生活したいという意欲や死の間際に臨んでも安定した精神を保ったまま最後を迎えたいとする新たなケアつまり精神的ケア(spiritual care) が求められてきている。

　現代の社会福祉の内容が、ミニマムサービスからオプティマムサービスへ、さらに自立生活支援へと変化していることもそのコンテキストからは充分に推察はできるものである。

　しかし、精神的ケアについては、ビハーラなどのホスピスやペインクリニックなどにおいてその取り組みが緒についたばかりである。また、医療的側面での補充的なケアにとどまっているのが現状ではないかと考える。

　諸外国で spiritual care という場合、その意味として宗教的ケアが内包されている。欧米諸国やアジア諸国では、むしろ宗教的ケアは社会福祉サービスの中心でさえあるのではないかと考える。

　もっとも日本においても平安時代以前から戦前に至るまで社会福祉に宗教特に仏教が深くコミットしてきたのであるから、その基盤的土壌は少なくと

も存在はしているのかもしれない。しかし、戦後から現在までは、むしろ積極的に宗教を社会福祉から排除する形で展開されてきた。

　戦前までの数多くの宗教者は、社会事業活動を日常の宗教活動そのものとして積極的に行動してきたが、戦後の宗教者は、一部を除いて社会事業活動はしなくなってしまった。宗教学者は、文献学、文献解釈学に大いなる力を注ぐようになってしまったし、宗教実践者であるはずの寺院住職や協会の主管者は、通過儀礼を執行するだけの存在となってしまっている。

　全国18万の宗教法人、寺院だけでも9万ヶ寺もある宗教施設がそれぞれの地域において社会福祉活動を組織的に展開されれば、日本の社会福祉は大変豊かなものになるだろう。

　ここでは、戦後から現在まで展開されてきた①金銭的ケア、②物質的ケア、③精神的ケアに続く第4のケアとして「宗教的ケア」の必要性とあり方について考察したいと考える。

2　宗教の持つ意味

　日本人の大多数は宗教というと、結婚式や葬式などの冠婚葬祭のときにお世話になるものと思っている。いわば特別の何かの行事のときに登場するものだと思っている。しかし、そういう考え方は世界的に見ると非常に特別であり少数派である。

　欧米諸国やアジア諸国、イスラム諸国では、むしろ宗教は日常生活のなかにすっかり融合している。

　日本人は宗教は自分に関係がない。うっかり近づくと怖いし危険だと感じているのではないか。しかし、宗教の内容は何も知らない。これが一般的ではないかと考える。日常生活のなかで占める割合は非常に低いのではないか。

　戦後日本の社会福祉は、宗教との関わりを徹底して排除してきたが、日常生活とまったく関係なく過ごすことができる民族であるからこそ実現できたともいえる。それほど宗教は日本人にとっては非日常なのである。

　そもそも宗教という言葉は、religion の訳語として明治時代にできた言葉である。それまでは「宗門」が religion にあたる言葉だった。江戸時代に幕

府が公認した仏教宗派のことを指していた。明治時代以降信教の自由を諸外国に約束する上で「宗教」という言葉を造語した。

日本人が宗教に無関心、無関係になったのは明治政府の政策によるものといわれている。

明治政府は、天皇中心の国家を築くべく神道を宗教から除外し（戦後GHQによって神道は宗教と認定されるが）、江戸時代からの檀家制度は存続させるという二律背反の政策をとった。

江戸幕府は、仏教本来の活動である布教をして信者を増やすという一切の宗教活動を禁止する一方、寺檀制度による分配支配を行って見事に成功したといえる。

さらに、戦後は、形式的に寺檀制度だけが残り、国家神道は崩壊し、宗教は「生きた」ものから、「死んだ」ものになってしまった。江戸時代から今日に至るまで制度政策上誘導されてきた寺檀制度は、奇跡的にも残存してしまった。そして宗教的無関心だけが確固として残ってしまった。

日本の宗教は、教理的側面においては学者研究者による文献学、解釈学、整理学となっており、実践的側面においては単なる通過儀礼の執行者、儀式者となってしまっているのには明治以来の宗教政策の影響が大きいといわざるを得ない。

その結果、諸外国では宗教が日常生活の仲間でごくあたりまえのように溶け込んでいるのとは対照的となっている。日本人は、いつまで特別に宗教と無関係でいるのだろうか。

社会福祉においては、①金銭的ケア、②物質的ケア、③精神的ケアと発展してきた社会福祉実践が今後第4のケアともいうべき宗教的ケアが、日本人に真に必要になってくるのかどうか大いに関心のあるところである。

諸外国においては、特に終末ケア(ターミナルケア)において、重度者の介護の場面において宗教者の果たしている役割は大変多い。例えば、欧米のチャプレンやドイツのジーレンゾルガー、韓国の宗教者などのように仕事として宗教的ケアを日常的にありとあらゆる場所で行っている。

3　密教と宗教的ケア

　これからの日本の社会福祉実践のなかに、宗教的ケアが第4のケアとして必要になってくるのではないかと考える。

　これからの社会福祉は、地域で自立生活をするための何らかの支援を受けながら自分らしく生きていくことが求められている。地域で支援する立場のソーシャルワーカーにも宗教的ケアについての素養が必要ではないかと考える。

　しかし、宗教的内容に関する個々人の信仰はきわめて個別的である。それぞれが個別的に信仰する教理や宗派、教団、寺院、協会、僧侶など実にさまざまである。ケアを受けたい人によってすべて違うといっても過言ではない。個々人の宗教の普遍性などないといってもいい。

　しかし、換言すれば、安心を得られて終末を迎えることができる個々人に適した宗教を見つけ出し、真に信仰でき納得できることが必要なのではあるまいか。今の日本人の死に際は何もない狭い病院の一室で点滴だらけ(スパゲティともマカロニともいう)で死を待つだけという悲惨なものである。日本人は、生きている人の尊厳や人権（クオリティーオブライフ）は声高らかに言うけれども死の質（クオリティーオブデス）はあまりいわないできた。

　そもそも宗教というのは社会・文化・習俗のなかで息づいてきた外面的な宗教と人間の心の問題として内面的に安心を保とうとする宗教との二面性がある。人間が宗教を求めるのは「最後の審判」「黄泉の国」へ行くことの死への根源的な恐怖や不安に大きく関わって存在してきたといえる。

　人間には常に根本的な不安や疑問がある。宗教はその教理や経典を学ぶことによって突然「ひらめき」を得たり、巡礼などの宗教的体験を通して突然ある種の「確信」が得られたりすることがある。そのことが死の間際の安心と変化しうると考える。

　そのような意味において宗教的ケアが必要なのである。

　ソーシャルワーカーの役割は、宗教の専門家になることではなく、宗教に関する初歩的な知識と経験を身につけ、宗教的ケアを望む人と提供できる人

を切り結ぶことができることを期待している、個々人に合致したさまざまな宗教や教団の教理を個別的に提供できることが求められている。

そして、各々の宗派によって、宗教的ケアの専門家を養成する必要があるのではないか。例えば、高野山真言宗では、密教福祉研修会や宗教カウンセリング講座を定期的に開催し、その要請に応えようとしているし、始まったばかりであるが、各宗派において取り組まれている。

さまざまな宗教や教団があるなかで、筆者がこれまで関わってきた密教の立場からの宗教的ケアの必要性について若干述べてみたい。

密教は、「大日経」と「金剛頂経」を主な所依の経典として成立した。日本においては、弘法大師空海が独自に成立させた真言密教が、現代に通じている正純密教である。教理の中心は、数多くの密教研究者が明らかにしている「即身成仏」である。

普通、仏教は、凡人であるわれわれが、仏に成るためには苦しい修行(徳行)を積んでその結果として極楽浄土にいけるという教えである。この世を「苦」と捉え(釈尊の四苦八苦)、それから逃れるためには、修行を続け(大乗菩薩行)、その結果成仏するという教えである。

それに対し密教は、死んでから極楽浄土にいけるのではなく、逆にわれわれは本来的に成仏していると考える。普段はその成仏に気がつかないだけだと説く。成仏しているから修行が続けられるのである。その修行の方法も手に印を結び、口に真言を唱え、心を三摩地に住する三密行のことであり、それを修することによってすみやかに仏と衆生が一体化していくと説く。

この身このままこの世において生きている間に幸福になろうとする思想が、空海密教の中心的命題である。その実践方法が三密行である。現実をあるがまま肯定し、受け入れ、自然な形で成仏することを説く。

4 空海思想の現代化としての宗教的ケア

デーケン(deken)は、人間を4種類の存在として①生物的存在(衣食住の充足)、②心理的存在(心理的安定に満足)、③文化的存在(人間らしさ、その人らしさの獲得)④社会的存在(社会的有用感)を示し、さらに霊的、精

神的、宗教的(心の安らぎ、生きがい)存在としての人間のありようについて述べている。要は生から死までの身体的、精神的、宗教的痛みからどう解脱するのかが最も重要な課題であるとする。

　日本人は身体的、精神的な痛みからは、ある程度逃れることができたが、宗教的(心の安らぎ、生きがい)痛みからは逃れられていないではないか。

　日本は、世界に比較して宗教においては特別の態度をとり続けてきた。そのことが世界においていかに奇異なことかを認識しなければならない。しかし、一方では、日本人はその宗教的無知さによりインチキな宗教にだまされることもまた数多い。そのことに対して既成宗教や教団、宗教者はまったくの無力である。

　宗教には多種多様な教理が存在する。それはまるで個々人の個性に合わせて存在するかのようである。にもかかわらず宗教は、学問の分野においては、その教理の違いを明らかにしているが、その実践の場面においては必ずしも明確にその違いを明らかにしてこなかった。実践での活動方法を明らかにしてこそ宗教の存在感があるのではなかろうか。

　密教においても1200年前に活躍した空海の思想の「あとおい」をするだけの空海紹介研究が今日に至るまで盛んである。空海の思想や理念を現代において具体的にどのようにいかしていくのかということにおいて、まったくの不充分といわざるを得ない。

　密教に関わる研究者であれ実践者であれ、自戒しなければならない。空海の思想哲学が現代社会に通用しないのではない。それを生かしきれていないのは、現代に引き続いたわれわれの大きな責任なのではないだろうか。

　密教本来が持っている現実性、実践性を現代社会の最大の問題である社会福祉問題にコミットさせることこそ必要なのではないだろうか。

第5章　仏教社会福祉の考え方と歴史

1　社会福祉問題の国民的普遍化

　現代ほど、高齢者の介護問題や児童の子育て問題、心身障害者の生活問題などの社会福祉問題が一般化・普遍化し、国民的課題となっている時代は、過去のどの時代にもなかったといっていいと思う。

　特に高年期になって元気なうちは自分で生活していけるが、病弱になったり、寝たきりや痴呆になったりして何らかの援助が必要になったときにどうするのかについて国民一人ひとりが少なからず考えるようになってきている。

　また、最近では、家族や親類のなかに必ずといっていいほどねたきりや認知性高齢者や障害者がいるという時代になってきているといっても過言ではない。

　社会福祉問題は、かつてのごく一部の人の問題であることから、いまではごく普通の人に誰にでも関係する問題となってきている。

　しかし、社会福祉問題が深刻なわりには、その対策は遅々として進んでいない。社会福祉問題は政府や地方行政の政策や制度が充実すれば問題が解決するかといえば事はそう単純ではない。

　政府や地方行政の政策や制度は、大枠での課題について最低限の整備はできるが、社会福祉は個人の生活問題に深く関わるため公的な機関だけでの解決は不可能に近いといえる。

　社会福祉問題の解決のためには、「公私協働」という概念が欠かせないことになる。

　例えば、一人暮らしの高齢者から、「毎日が寂しい」との相談があったとしたら、政府や地方行政の政策や制度がどんなに整備されていても問題は解

決しない。

　家族や地域住民の協力などの種々の地域社会資源を活用し、公的な援助とあわせて私的な援助とがミックスしてサービスが提供されていくことが必要とされる。

　第二次大戦前までは、そういった社会福祉問題における私的な援助に仏教者や寺院・僧侶が深く関わっていた。

　すなわち政府や地方行政の政策や制度が先行するのではなく、民間の篤志家や仏教者や寺院・僧侶が率先して社会の救済に尽力し政府や地方行政は後方から支援するという形で進められていった。

　ここでは第二次大戦前までに、仏教者や寺院・僧侶が社会福祉事業にどのように関わってきたのかを概観することによって、現代における仏教者や寺院・僧侶の社会福祉について考える一助となればと考える。

　現在の日本の社会福祉の制度や政策並びに社会福祉サービスの内容や技術は、どれをとっても国際的にみて最高レベルであることは疑いの余地がない。高齢者の介護問題１つとっても病院や介護施設が充分に保障され、在宅においても多様な福祉サービスが展開されている。社会福祉だけでなく、医療や年金も充分に保障されている。先進諸国と比較してもむしろ進んでいるといっても過言ではない。例えばアメリカは医療保険の仕組みはないし、フランスは年金の仕組みがない。韓国では医療や年金ははじまったばかりで給付水準はきわめて低いのが現状である。

　日本の社会保障制度（ナショナル・ミニマム）は全体としてよくできているし、その水準も高いし、その仕事に従事している職員の質もきわめて高い。

　しかしながら、国民は充分に満たされているという実感がない。むしろ何かもう１つ満たされないものを常に感じている。何か不安で先のみえない生活を送っているように感じている人が多いのではないか。

　それはやはり種々の社会的サービスに、人間的温かさに欠ける部分があるからではないだろうか。

　現代の日本ほど国民が一般的に長生きを達成した国は、世界のどの国にもどの時代にも存在しない。まさに「長命革命」といわれる所以である。

その理由として、枚挙にいとまがないほど大小数多くの理由があげられるが、特に生活環境の改善、栄養状態の改善、医療技術の進歩等々かつての日本では考えられなかったほど革命的に進歩したことがあげられる。
　長命を獲得して、人生50年時代から人生80年時代になって、その分だけ人生が楽しめるようになってきており、とても良い時代になったといえるはずである。
　しかし反面、長生きしたぶんだけ、最高齢になって、身体や精神が虚弱になってきたときどうするのか。ねたきり高齢者や認知性高齢者になったらどうするのか。このような、かつての日本ではとても考えられなかった社会問題が発生してしまったことも事実である。
　これからの超高齢社会は、高齢者の介護をどう社会的にサポートしていくのかが最大の焦点であるといわれてる。
　これらのかつて考えられなかった社会的諸問題への対応をどうするのかについて国民的コンセンサス（合意）をどう構築していくのか大きな課題である。
　今日の社会は、誰もが何らかの障害を持ちながら暮らしているまたは暮らす可能性がある社会といっても過言ではない。かつての障害者といえば、身体的障害者・知的障害者・精神障害者だけに限定されていた。また、障害者の差別問題は今日でも大きな課題となっている。
　そのなかの特別な障害者政策・対策としては、傷痍軍人である身体的障害者について、法律や制度が整備されてきた経緯があるため手厚く国の保護を受けてきた。
　しかし、今日の障害者問題は、人間が長生きしたために必然的に起こりうる「ねたきり」や「痴呆症」などの加齢障害者、パソコンができない情報障害者、働くばかりで遊ぶことができない無遊障害者等々、かつての身体的障害者・知的障害者・精神障害者のように限定的ではなくなってきたといわれている。
　障害者の権利を獲得するために、先人の多くの運動が実を結び、1993年には障害者基本法が制定され、障害者の人権とノーマライゼーションを基本とする障害者政策がなされるようになった。このことはとりもなおさず、国

民一人ひとりがライフステージ上、現在又は将来に何らかの障害をもって暮らすようになることを想定したものである。

子供の発達の歪みが顕著になったのは1970年頃である。その原因としては、子供たちの周辺から遊び場がなくなったこと、各家庭の子供の数が減少したこと、子供の家庭内や地域内での役割がなくなったことなどが指摘されている。

非行少年の数も1970年頃から増加し1983年にピークを迎えている。その後減少しつつも大きく減少することなく問題行動が凶悪化している。さらに教育の荒廃も大きな社会問題となっている。すなわち学校教育における教師の質の問題、教育内容の問題点、受験教育の弊害なども指摘されている。

これらの根底には家庭や地域の教育力の脆弱化があることが大きな要因になっている。

子供の発達の歪みの特徴は、対人関係の希薄さ、社会的有用感の喪失、集団への帰属意識の低下などがあげられる。

この現在の子供たちをどう健全に育成していくのかは大問題である。また、核家族化に伴い、かつ地域の連帯が希薄化してきている隔絶した社会では子育てをどうしたらよいのかわからないという若い親たちをどう支援するのかも大きな課題である。

今後は、地域全体で子育てを支援する、新たな社会的システムの構築が必要になってくると思う。

2　現代仏教福祉の展開

現代日本の社会福祉の基本的枠組みは、第二次世界大戦後にＧＨＱが作成した「日本国憲法」を根拠にして成立している。すなわち憲法第25条の「健康で文化的な生活」を保障するという条項によって社会福祉関係法律が制定された。

そこでの基本的な原則は、①「国家責任」、②「無差別平等」、③「個人の尊重」が優先されるべきとなっている。

貧困問題、児童問題、障害者問題、高齢者問題等の社会福祉問題は、国家

がすべてその責任をもち国民すべてを対象とするようになった。

しかし、憲法第25条の「健康で文化的な生活」の解釈をめぐって長い間論争が繰り返されてきた。すなわち社会福祉でいう「健康で文化的な生活」とは最低限の生活であるということとが確認された。

従来の日本の社会福祉は、慈善事業、救済事業、感化事業、社会事業等といわれ、その国家責任性は乏しかった。

従来の社会福祉は、個人の責任を原則として、地域住民や家族の助け合いによって行われてきた。

古代の聖徳太子以来、第二次世界大戦前まで一貫してその原則は保たれていた。

しかし、第二次世界大戦前までの社会福祉問題は「自助」、「共助」によって解決をはかろうとし、それでもどうしても解決できない場合だけ「公助」による救済がなされた。

そのようななかで、民間の篤志者として仏教者や寺院・僧侶が活躍をし、同時に仏教への帰依者も増えるという効果をももたらした。

現代では、社会福祉問題への対応が憲法で保障され、国家責任でなされるため、寺院僧侶や仏教者は、出る幕がないようにもみえる。

大戦後の55年間における国家責任による社会福祉政策が地域住民や福祉を必要としている人にとって、その生命とくらしを守るために果たした役割は大きいといえる。今日において衣食住等の最低限の生活は充足されたといえる。

第二次大戦前の仏教者や寺院・僧侶が活躍した時代は、現代のように必ずしも物質的には豊かではない。

しかし、精神的な支えとなり、援助を求める人々との「同悲」「同苦」「同行」を通して、個人・家族・地域が一体的共同体として「貧しいけれども楽しい」生き生きとした生活を送っていた。「豊かだけれども苦しい」現代とは大きく違っている。

しかし、ここで短絡的に昔は良かったといっているのではない。まして昔に戻ったほうがいいといっているのではない。

現代のほうが過去のどの時代より実は「良い社会」のはずなのである。こ

こでは、過去に活躍した仏教者や寺院・僧侶のなかでさまざまな先師のエッセンスを現代にとりいれ「より良い社会」にしなければならないはずである。

3 仏教福祉が求められる背景

混迷する現代社会における外面的な社会的制度やシステムはある程度整備されてきているが、人間自身の内面的な心や精神、思想、理念には何の指針も存在していないかにみえる。ただ拝金主義的傾向だけが一人歩きして、すべての基本指針のように思える。

仏教は現代社会の外面的規範だけではなく、人間の内面的規律を整えることが重要な課題であるとされるが、仏教宗団は、特に戦後においてその課題に取り組むことなく中味のない空虚な宗教として形式だけ残ってしまい、いわば「葬式仏教」と揶揄されるようになってしまった。

かつて人間の内面的側面に深く関与した仏教者や寺院・僧侶の活動はその残影すら残っていない。しかも、現代の混迷している社会は、仏教者や寺院・僧侶にその救済を求めているのである。仏教者や寺院・僧侶は時代の要請に答えられないまま今日にいたっている。

現代社会の閉塞的状況のなかで仏教の「自他不二」を中核とした「慈悲」の思想、社会福祉的にいえば「共生」の思想の実践が強く求められている。いまこそ先達の実践に学び活動を展開すべきかと考える。

これからは内面的精神生活に深く関わる仏教の基本的理念をもとにした普遍的な活動が必要となってこなければならない。そのことに大きく関わったかつての仏教者や寺院・僧侶の活動について以降見ていきたいと考える。

4 原始仏教の福祉思想

原始仏教の福祉思想についての系譜は体系的ではないが、その代表的な思想性について通仏教で紹介していきたいと思う。

①は、慈悲の思想すなわち菩薩行である。

「慈」は「いつくしみ」を意味する友愛であり、「悲」は「他者の苦」に同

情し、これを救済しようとすることである。

　この「慈悲」はキリスト教のアガペー（愛）やフィリヤと違い、自分と他人の対立を超えたところの「自他不二」であり「他人の苦」に同情し、共感することである。菩薩行はその実践であり、「上求菩薩・下化衆生」という言葉に端的に現れている。

　苦しんでいる人の身になって、救おうと発心し実践することは、仏教福祉の基本的思想である。

　②は、「縁起」の思想である。

　仏教は現実の苦悩の姿をしり、そこからの解脱を目標とした。そして自分を否定して、他人の苦を自分の苦とみる。現実のできごとと理想との相互矛盾が否定しつつ依存しあう「相互依存」（インターデペンデンス）から発する平等的共生観が仏教福祉の基本的思想となっている。このインターデペンデンスは意外にも、デペンデンス（自立）の国アメリカにおいて盛んに実践されている。

　③は、「空」の思想である。

　日常生活を矛盾とみながら否定しつつ、そこから「煩悩即菩提」「生死即涅槃」「世間即如来」を理想とし仏道を修行しようとした。

　常によりよい生活をめざし、理想をもって生きようとする努力こそ仏教福祉の基本的思想である。

　④は、「戒律」の思想である。

　仏道の修行の中で最も大切なことは五戒（不殺生・不偸盗・不邪淫・不妄語・不飲酒）を保つことである。特に「不殺生」（アヒンサー）は殺さないということだけではなく、よりよく生かすということがその本旨である。相手をよりよく生かすということは仏教福祉の基本的思想である。

　⑤は、「衆生観」の思想である。

　人間にとどまらず、生命あるもののすべてに「仏性」があり、「生きとし生けるもの」すべての生物、自然環境にたいして愛護すべきことを説いている。

　生命を大切にし、人権を守り、自然を守り、くらしやすい「世間」にすることが仏教の基本的教えであり、それが仏教福祉の基本的思想である。

⑥は、「仏国土」の思想である。

仏教にとって社会的な地位や収入、学歴や出自などは何の意味ももっていない。社会的な地位や収入、学歴や出自を越え「生きとし生けるもの」すべてにたいして「幸福」を志向することが本来である。すべての生きるものが平等に暮らしていくことのできる「仏国土」の建設こそ最も尊いとされる。それが仏教福祉の基本的思想である。

⑦は、「布施」の思想である。

「布施」には衣食住などを提供する財施・教えを知らせる法施・恐れを取り除く無畏施の三施がある。そこには与えるものと与えられるものが上下の関係ではなく、また持てるものが持たざるものに提供するのではなく、そのすべての執着からはなれた「無我」の実践である。

また、慈・悲・喜・捨の「四無量心（しむりょうしん）」の実践は利他行であり、布施・愛語・利行・同時の「四摂事（ししょうじ）」はすぐれて実践徳目である。

「福田（ふくでん）」は善い行いの種子を田に蒔いて、功徳の収穫を田から得るという意味で、菩薩の利他行である。

前述と重複するが、7つの代表的な仏教の思想から福祉の思想を抽出してみた。現代にも充分通じる福祉的発想であることに注目したいと考える。

また、原始仏教の仏典の中から福祉の思想と関連のある事柄についてトピック的にあげてみたが、まだまだたくさん福祉的思想が存在するのではないかと思う。

なお、原始仏教の福祉思想の実践者である代表的な人物は、阿育王（アショーカ王・治世紀元前268～232）である。

戦争の悲惨さを体験した後に、不殺生と非暴力を守り、国家の基礎を仏法においた。国の政治は報恩行であるとし、国家的福祉事業を展開した。

すなわち殺生を禁じ、道路に植樹し、井戸を堀り、人間と家畜のために病院を建て、薬草を栽培した。

5　飛鳥・奈良時代の慈善救済

「日本書紀」や「古事記」、「風土記」等にみることのできる種々の思想や制度・政策、実践はそのバックボーンとして、仏教や儒教があったことはいうまでもない。

この時期の福祉の思想は、飛鳥・奈良時代の慈善・救済は、聖徳太子と行基に代表される。

なかでも聖徳太子は、日本社会福祉の始祖として一定の系譜を形成している。

聖徳太子の著書「三経義疏」はいずれも福祉と関係が深い。この「三経義疏」の内容は一言で言えば「菩薩利他実践思想」である。仏教の受容期に社会福祉的な菩薩思想が示されたことは注目に値する。

また、「三経義疏」には先に原始仏教福祉思想で述べたところの仏教福祉思想の内容のほとんどが含まれている。すなわち、布施、六度、四摂法、四無量法、福田等である。

※聖徳太子（574～622）は、飛鳥時代の政治家・仏教者であるが、今日でいう仏教福祉の先駆者である。593年推古天皇即位に際し皇太子となって594年仏法興隆の詔を発し、冠位十二階を定めて中央集権化をはかり604年憲法十七条を制定した。607年には遣隋使小野妹子を渡海させ後に留学生を派遣した。また、四天王寺、法隆寺を造営した。

行基は、奈良時代の仏教福祉活動実践者として歴史上最も著名な人物の一人である。その活動の基本的立場性は、民衆伝道と慈善活動を両輪として展開したことにある。

行基の活動の代表的な事業をあげると、①菩薩思想を背景にした民間の慈善活動を展開したこと（国家とは対立した）、②貧困な一般民衆の生活改善に尽力した、③単に救済施設を設置し入所させるのではなく、在宅での救済をめざした、④農業・土木・架橋等の技術を駆使し幅広い社会福祉事業を展開したことなどがある。

※行基（668～749）は、704年生家を家原寺とし、民衆伝道の傍ら道橋の修

営、池溝を整備した。そのため知識（信者）集団は弾圧されたが、731年に許され大規模な土木事業と伝道活動を展開し多数の帰依者を得て菩薩と称された。743年には東大寺造立に参画し、745年に大僧正に任ぜられる。その後に四十九院の道場を開いた。

6　平安時代の慈善救済

　この時期は、聖徳太子や行基等の活動を継承発展させ、さらに中世の鎌倉時代の基礎を築いたと考えられる。
　その代表的な人物は、最澄と空海である。
　はじめに最澄が開祖である天台宗の「煩悩即菩提」、「凡聖一如」は、絶対的平等思想を説いている。この平等思想は、現代の福祉思想の基本をなす重要な要素の1つである。
　818年の「山家学生式」は、得度から菩薩僧になるための12年間の籠山修行を課したいわば修行規程であるが、そこには僧侶としての歩むべき道を説いている。
　これは朝廷に提出したもので、比叡山で12年間の籠山修行の後に、能力に応じて「国宝」「国師」「国有」の3つに分けられるとしている。
　すなわち、「国の宝」とは、道心を持ち、一隅を照らし、学問に優れ、自利利他で大乗菩薩行が可能な人であり、「国の師」とは学問に優れた人であり、「国の有」とは実践に優れた人であるとしている。
　特に「国の師」と「国の有」は、地方で布施や教化、救済や修築を行うこととしている。
　具体的には、815年に、最澄自らが東国を訪れ布施屋をもうけるなどしている。
　空海の福祉思想の最大の特徴は、観念的ではなく、すぐれて「実践性」にあり、一般庶民のなかにとけ込んでいったことである。
　常に一般民衆とともに在り、苦楽を分かち合うことがその行動からも推察できる。
　そして、その思想的基盤には、入唐して最高の思想や文化、制度を学び、

さらに儒教・道教・仏教を学んだことがあげられる。単なる思いつきによる「庶民性」ではないのである。

空海の数多くの著書のなかで、特に「即身成仏義」における即身成仏思想は、本来成仏を前提とした利他即自利の実践が起こることを説いている。

この実践的福祉思想は、後述するが鎌倉時代の真言律宗の叡尊・忍性、江戸時代の慈雲等の思想的源流となり多くの影響を与えた。

さらに空海は社会福祉ばかりでなく、土木事業、教育事業にも多くの業績を残している。すなわち満濃池の築池や益田池の碑文の撰文をしたり、庶民の教育のための綜芸種智院を設立したことなど、その時代における先駆的な役割を果たしている。そして基本的スタンスは常に庶民の側に立って、民衆の生活に思いを致している。

ミクロな社会問題にとどまらず、マクロな社会問題までそのウイングを広げ、社会問題全般にコミットした人物は空海以外他に古今東西前例がない。

その他として、最澄と空海のすぐ後に、空也と千観が浄土教に基づいて福祉活動にあたった。

鴨長明の「方丈記」に描かれているように、飢饉・疫病・戦乱のだだなかにあって、民間教化僧として、勧進・慈善・施食・治病に努めた。その代表的存在が空也と千観であった。

特に空也は市聖と呼ばれ、遊行をしながら民衆救済にあたった。

7　中世封建社会と慈善救済（鎌倉時代）

この時期は、社会的には律令体制から封建体制へ変換し、深刻な末法観が蔓延していた。そしてそれを背景にして鎌倉新仏教が生まれた。この鎌倉新仏教は基本的には天台宗の一派であり、その範疇を出ていないと考えるが、仏教教理の一部をデフォルメする形で立場性を明らかにしている。

法然は、浄土教の立場から念仏をもって往生の本願とする以上、単なる「凡夫」を救済する「小善」ではなく、阿弥陀仏にすがることこそ大切であるとしている。それそのものが福祉の平等思想につながる。

親鸞は、「凡夫」はすべて「悪人」であり、自らの力によって自分を救う

ことができない、自己の無力さを悟って、阿弥陀如来の本願によって救われると説いた。「悪人正機」とういう立場に立った。この場合の「悪人」とは犯罪を犯した罪人ではなく、罪の自覚を持つ、そしてそれにおののく内観的・反省的な人をいう。

法然と親鸞の思想は一言でいえば「仏教即福祉、福祉即仏教」ということになる。僧侶としての普段の活動が福祉活動ということになり、福祉思想になる。

道元は、現実世界が即「仏性」であるとの認識である。「仏法の大海に回向し」「仏制に任せて」慈悲を行うことが大切とした。その慈悲の活動は単なるプロセスではなく仏法そのものであるとしている。「捨身供養」「不惜身命」の実践こそ究極の目標であるとした。

日蓮は、「法華経」に基本的立場性をおき、「立正安国論」において「仏国土と成し、民衆を成就す」と現世を肯定的に見ている。その生涯も「飢渇」と「災難」を問題意識として使命感による菩薩行として活動している。民衆への「共感」がありながらも、他仏教者、特に忍性への激しい批判は「仏国土」の理想への裏返しと見るべきかも知れない。

鎌倉新仏教と対峙する形でいわば鎌倉旧仏教の活動がある。

明恵上人は、生類すべて平等と見た。それは仏と民衆とを同体と認識したからに他ならない。また、その慈善救済活動は政治権力から離れ純粋信仰からでている。

叡尊は、民衆の救済や貧窮・孤独・病苦の救済を広く行った。その弟子忍性も、叡尊と同じく民衆の救済や貧窮・孤独・病苦の救済を広く行った。叡尊と忍性は真言律宗西大寺の僧であったが、その事業的才覚と手腕は見るべきものがあった。その事業を展開するにあたって時の政治権力と深く結びついたことが日蓮の批判のもととなっている。

重源は、東大寺大勧進となって、東大寺の復興に足跡を残した。醍醐寺や高野山において修行した後において、密教にその思想的基盤をおき、多くの湯屋を建立と湯船・釜を施入している。東大寺はじめ15ヶ所に建立したといわれている。その当時の温浴は治療を目的としたもので現在の温泉病院的なものであった。

8　近世封建社会と慈善救済（江戸時代）

　この時期の寺院は「寺請制度」、「寺檀制度」が制定され、幕藩体制の協力機関として位置づけられていたので、僧侶一個人の活躍はあまり見られない。幕府の慈善・救済について協力する形で進められていった。

　幕府の慈善・救済活動を紹介することで、それに寺院が深く関わっていたことの代替としたい。

　近世封建社会は、幕府と各藩の二重支配体制で成立していたので、幕藩封建社会と呼ばれている。この制度は、将軍や大名、武士とその家族200万人が都市に住み、全人口2,700人を支配し、領地から租税を取り立てて生活するということである。

　この時代は貧困が進み、さらに全国的飢饉だけでも25回記録されている。最大の飢饉は1732年（享保17年）・1784年〜1787年（天明4年〜7年）・1833年〜1836年（天保4年〜7年）である。

　また、鎖国政策下での貨幣経済は、農民の窮乏化を促進した。為政者はそれを農民の奢侈に転嫁し倹約政策をとった。さらに、災害とくに大火がしばしばあったので窮民収容施設として御救小屋（おすくいごや）が置かれている。

　1792年以降、窮民救済の基礎となる窮民調査が頻繁に行われている。それに基づいて被救済者の資格や条件を定めている。

　救済施設の代表として有名なのは、小石川養生所である。その他石川島授産所、人足寄場などを設立されている。

　人足寄場は、松平定信が火付盗賊改役の長谷川平蔵の進言をいれて石川島に設立したものである。

　各藩では、家父長的立場から「名君政治」が行われた。ランダムに紹介すると、会津藩の保科正之は90歳以上の高齢者に養老米を与え、疾病者に施薬した。著名なのは、社倉を創始したことである。紀州藩の徳川頼宣、岡山藩の池田光政、水戸藩の徳川光圀なども貧窮者を救済した。さらに、米沢藩の上杉治憲（鷹山）の慈恵政策は特に著名である。

この各藩の慈恵政策は、儒教的倫理に基づいて家父長的に仁愛的に行われている。

　幕藩封建社会における仏教教団のあり方が、その後の時代に大きな影を落とすことになる。つまり、この時代は、幕藩体制に全面的に協力することによって仏教教団は宗派性も高まり、各宗の教義も高まり多くの収穫があった。反面、その活動の停滞も深刻なものであった。そのことは、明治になって表面化することになり、今日の仏教教団のあり方にとっても大きな影となっている。

9　明治維新社会と慈善救済

　幕藩封建社会体制下における貧困窮乏化は、幕藩封建社会体制の慈善救済事業では、対策の打ちようがない状況であった。必然的に社会体制の変革が求められていた。

　また、この時代つまり幕藩封建社会には、なぜかカリスマ性をもった仏教指導者が全くといっていいほど出ていない。仏教教団は、幕藩封建社会体制に協力することでようやく存続してきたといえる。従来、仏教教団がもっていた活力は見られなくなっている。まして、貧民の窮乏化に対しての一部を除いて仏教の慈善救済事業などはなされていない。

　さらなる貧困農民の増加、都市下層民の窮乏化によって、一揆や打ちこわしなどが頻発し、社会不安が増大した。そのような状況の中で明治維新をむかえた。

　しかし、明治維新になって、維新の動乱、貧困者の流動化などにより一層窮乏化が進んでいる。さらに政治改革による士族の貧困が新たに出てくることとなった。そのなかで特に下級士族の困窮は甚だしく、反乱を起こしたりしている。

　明治7年には、歴史に残る公的救済制度として、「恤救規則（じゅっきゅうきそく）」が制定されている。この制度は、現在の「生活保護法」の前身である。

　「恤救規則」は、江戸時代の幕藩封建社会体制とは違い、国が初めて全国

的に統一的に政策を実施したことに意味がある。

　明治になってから国は中央集権的に次々と政策を展開している。それは江戸時代の個別的な家父長的な仁愛的なことではなく、組織的システム的に政策を出していることにポイントがある。

　つまり、この考え方は今でも国の基本となっているところであり、今日の社会体制が明治以来システム的には変化がないとの指摘もある通りである。

　救済事業に限って、代表的施策を紹介すると、貧困者対策は「恤救規則」により救済し、児童救育では「棄子養育米に対する通達」により施米し、浮浪者対策として「脱籍無産者復籍規則」を制定し授産をさせた。救済施設は、浮浪者対策として東京府養育院が設立されたのをはじめとして全国各地に設置された。

　明治初めの慈善思想は蘭学者、プロテスタント、啓蒙思想家が中心となって展開された。古代・中世・近世を通して、慈善と救済の先達をつとめてきた仏教者は初めて遅れをとることとなった。近代の入口のところでその旧態とした存在を問われたため、以後仏教は慈善救済の表舞台から身を引くこととなってしまった。

　江戸時代までにおいてはいわば独占的に仏教が慈善救済を行ってきたが、明治になって蘭学者、プロテスタント、啓蒙思想家などが自由に活動を展開し仏教の活動はかすんでしまった。しかしながら、明治の中頃から、特にプロテスタントの慈善救済活動に対抗する形で仏教が、その活動を再構築し再展開をすることとなる。

　そして何よりも社会が民衆が、宗教を要望していたという基盤が存在していたことは、仏教の再構築を可能なものにした。むしろ多くの宗教が競合することによって活性化したのではないかとも考えられる。一度民衆から見捨てられ、そのなかから再生した意義は大きいといえる。この仏教による慈善救済は、大正期にピークをむかえ第二次大戦まで続くこととなる。

10　近代国家と慈善救済

　明治になってから身分制度が廃止され、特に武士階級の窮乏が多く発生し

た。商人や農民も近代的制度の準備が整う前に没落する者が多かった。

　この時期は、近世とは違って公的な救済事業を法制度上整えることを目指した。さらに、貧民救済だけであった慈善救済は、児童問題について意識的に事業展開がなされるのが特徴的である。

　東京府養育院は成人と区別し明治11年に児童室を設けている。また、明治12年設立の仏教慈善施設福田会育児院（ふくでんかいいくじいん）はその先駆的役割を果たすと同時にこの時期を代表する存在である。内容は堕胎防止と捨子救済を第1義的目的としている。この後、同様な仏教慈善主義に基づく数多くの育児施設が誕生している。

　初期の感化教育も懲罰主義から抜け出し、次第に仏教慈善主義による東洋的な家族制に基調におくようになっていった。

　当初、仏教は近代化によってその社会的役割を終えたとの考え方が支配的であった。

　しかし、明治維新期の混乱、キリスト教の慈善事業への積極的関与、社会的弱者に対する国家の保護の推進などの社会状況の変化により、仏教者もその存在意義が問われることになり積極的に慈善事業に関与せざるを得なくなった事情がある。

　明治29年には社会政策学会が設立され、公的救済の必要性が強調されている。続いて、明治30年代にはキリスト教社会主義やキリスト教社会改良運動が盛んになってきている。さらに諸外国の数多くの公的救済思想やキリスト教的救済の紹介がなされている。

　そういった政府の公的救済やキリスト教の救済に対抗する形で、仏教の側からも救済活動の再構築と展開がなされていった。

　仏教者の活動の代表的なものとしては、前述の福田行戒の福田会育児院や横山源之助の名著「日本之下層社会」に描かれる下層社会を背景に安達憲忠（東京府養育院責任者）が開いた無料宿泊所と職業紹介所などがある。

　仏教各宗派において組織的な財団の設立が相次いでされていった。すなわち大日本慈善会（真宗本願寺派）をはじめとして大正の中頃にかけてほとんどの宗派において設立されている。ちなみに真言宗智山派は昭和2年に智山社会事業連盟が設立されている。

このように仏教者はキリスト教者の慈善救済に触発されるかたちで慈善救済を展開してきた。しかして、このキリスト教慈善救済に多くの影響を受けて仏教慈善救済が展開されてきたのも事実である。そして、近世までの慈善救済から近代的脱皮をはかるようになった。

　その近代的脱皮とは、従来の宗教的慈善から社会的慈善への脱皮を意味していた。「慈悲」の宗教と言われる仏教は、その「慈悲」の中味である「信仰」と「慈善」を車の両輪として活動を展開し、「慈善」は宗教的慈善であることは暗黙の了解事項であった。

　しかし、社会的慈善と宗教的慈善は相反するものであり、「社会」性を否定するからこそ仏教の存在意義があるとの立場から近代的脱皮を否定する仏教者も少なからず存在した。

　仏教宗団はそのような内部矛盾を抱えたまま慈善救済を展開せざるを得なかったといえる。その後も「信仰」と「社会」の問題は永く議論の対象となった。

　明治以降の社会システムの変化により、新たな社会問題が続出する中で仏教教義の新解釈が盛んに行われるようになった。例えば「慈悲」観、「衆生恩」や「平等」観等に関する教義が新しい社会問題に対して有効な思想となるような解釈の試みである。

　この時期は、明治末年から大正初年にかけては、このようないわば暢気な慈善救済から、家族国家観に基づく天皇制を中心とした家族制度や隣保制度の共同性へと変容していった。

　天皇制と慈善救済が強調され、慈恵救済資金としてたびたび下賜されている。このお下賜金で設立された代表的なものとして「済生会」が有名である。さらにこの時期は、国家救済の代替（アドボケート）機関として民間団体が設立されている。

　すなわち、貧民研究会、慈善団体懇話会、全国慈善同盟、中央慈善協会（現在の全国社会福祉協議会）などである。その団体の多くは感化救済事業講習会や社会事業講習会などを開催している。仏教者の多くもそれに参加し、仏教各宗派の社会福祉が史上最も盛んな時期を迎えることになる。

　第1回感化救済事業講習会を契機として仏教者は仏教同志会を結成した。さらに浮浪者研究会、仏教徒社会事業研究会が相次いで結成された。

このような団体は、通仏教で結成された団体として以後活動して行くが、仏教各宗派においても独自で団体を設立し活動を組織的に展開していくことになる。このような盛り上がりは歴史上いままでかつてなかったことである。

慈善救済が社会福祉へと発展していくのが大正7年頃であるが、仏教と社会福祉との関係について多くの議論がなされた。また、仏教教義との関係で再構築が迫られたのである。

この大正時代の代表的研究者渡辺海旭（宗教大学教授）の5大方針は、この時期の仏教者の共通する認識であった。

5大方針とは、仏教的共済主義の則った救済事業の展開を基本にしている。①感情主義から理性中心主義へ、②一時的断片的から科学的系統的へ、③施与救済から共済主義へ、④奴隷主義から人権主義へ、⑤事後救済から防貧への5点をあげている。

これは、この時期において通仏教的なコンセンサスを得たものであった。

このように仏教者は、近世以前のように独占的に慈善救済を展開していた時代から、国家やキリスト教者に対抗する必要性から仏教独自の教義を新たに構築し、活動を展開してきた。皮肉にもその活動が歴史上最も盛んになった。時代に対応する教義も生み出すことになった。

困難な状況から苦肉の策として展開した慈善救済が国民にも受け入れられたのである。

11　現代社会と社会福祉

現代社会は、なんとなくボンヤリとした「生活不安」感が漂っている。言いようのない不安感と閉塞感が充満しているように感じている人が多い。大正期のこの時代も、現在の社会状況と同じような状況であった。「生活不安」は極限まで達して資本主義の危機的状況を予感させるに充分であった。

その「生活不安」が具体的な行動として出たのが「米騒動」であった。それに続いて世界恐慌が起きた。恐慌で影響を受けたのは、中小零細企業であり大規模な整理（リストラ）が行われた。

さらに関東大震災が起こって、それが直接の契機となって、慈善救済に変

わって社会福祉が成立することとなった。

　そのことは、宗教者や篤志家が部分的個人的に社会問題に対応するだけでは不充分となり、社会問題に対して、国家として全面的な組織的な対応が求められるようになったことを意味している。

　国としては、家族制度、隣保相扶を尊重しつつ、最低限国民の生活不安と動揺を防止することが基本政策であったが、もはや資本主義の矛盾からくる貧困は、個人の自助だけではいかんともしがたいところまできていたという背景があった。

　この時代の慈善救済が貧困を直接の救済対象とするのに対して、社会福祉の中心は失業対策であった。「生活不安」層を代表する都市生活労働者層の対策が救済事業の中心とされた。その救済の思想的根拠は、社会連帯に基づく「共同体」の構築を目指すものであった。

　その社会連帯思想と仏教思想を結びつけようとして、社会福祉を展開した代表的な仏教者が矢吹慶輝（宗教大学教授）と長谷川良信（後の淑徳大学学長）であった。特に長谷川良信は仏教思想を基礎にした「トギャザー・ウイズ・ヒム」と社会連帯思想を統合しようと試みている。しかし、一仏教者が個人的に社会活動を展開しても自ずから限界が見えていた。

　政府は、1929（昭和4）年に救護法を制定し、昭和7年施行した。この法律は、わが国ではじめての公的義務救済制度であった。救護法の制定により、方面委員の実施や社会福祉の組織化のため社会事業調査会が置かれた。この頃から、仏教者は個人的に社会問題に対応することが困難になり、教団や宗団が全体で組織的に社会問題に取り組むようになる。行政の指導も教団や宗団に対して強くなされるようになっていった。

　教団や宗団が全体で組織的に社会問題に取り組むようになっていったことは、大きな前進だと歓迎されたが、それもつかの間であった。昭和16年からはじまる戦時厚生事業体制に組み込まれて、戦争遂行の先端として利用されていくことになる。そして破滅への道を歩んだのは周知の通りである。

　既に見てきたように、慈善救済から社会福祉へと社会福祉問題の所在が変化しても、仏教者はその時代々々において適切に対応してきた。

　慈悲の宗教としての仏教のあり方について、その中味である信仰と慈善の

両面を常に意識しながら宗教活動を展開していくプロセスとして慈善事業や社会福祉にコミットし続けてきたのが仏教者であった。

しかし、昭和20年に戦争が終了すると同時に、社会事業活動と仏教活動が全くといっていいほどその関わりにおいて姿を消してしまった。

もちろん、現代でも多くの仏教者が、社会福祉に関係している。むしろ他の宗教者よりも仏教者の数のほうが最も多いのではないかとさえ思う。

しかし、ここでいう仏教福祉とは仏教者が現代社会福祉の枠組みでの活動しているということとは似て非なるものといわなければならない。

仏教福祉は、仏教思想を基本に仏教実践を社会福祉に生かすことである。現在の社会福祉事業の法制度に基づいてそれを忠実に実行することではない。個人の内面的な心の奥の奥まで入り込んでこれを安んずることにその本質がある。

仏教社会福祉事業は、社会福祉ニーズに社会福祉サービスを提供するという表面的な社会福祉実践ではない。社会福祉実践は、仏教者の生き方そのものでなければならない。

現代日本の社会は過去のどの時代よりも豊かだといわれている。しかし、現代社会には大きな「ゆらぎ」が存在している。そのことは、無哲学・無思想・無理念のまま物質的豊かさだけを追求してきた結果だとの指摘どおりである。

この項でみてきた仏教福祉のあゆみは、過去はけっして物質的には豊かではなかったけれども精神的には恵まれていたのではないかということを述べたかった。

そして、仏教者は必ずどの時代においてもその仏教理念を具現化するために、その時代の社会問題に深く関わっていたことを我々は忘れてはならないのではないかと考える。

12　アジア的なものの考え方

現代日本の社会福祉の理論と実践は、欧米諸国の直輸入であることはよく知られている。そして、その欧米諸国の社会福祉の理恵恩と実践はキリスト

教の考え方を基本にしたものであることは疑いの余地がない。

　社会福祉施設、在宅福祉サービス、地域福祉、福祉教育、ボランティアのどれをとってもキリスト教の考え方を基軸にしている。

　古代から戦前までの日本の社会福祉は、仏教を中心にしたものであった。第二次世界大戦終了後アメリカに占領された日本は、日本国憲法はじめ多くの法制度をアメリカからプレゼントされたが、社会福祉も例外ではなかった。

　終戦後日本は、アメリカ、イギリス、スウエーデン、デンマークなどの社会福祉制度をいち早くとりいれた。

　戦前の仏教や民間の社会福祉は、完全に否定されてしまった。本来的な仏教社会福祉は完全に消滅してしまった。しかし、近年になって欧米的なものの考え方が問い直され、アジア的なものの考え方が見直されつつある。そのようななかで仏教の考え方とくに密教の教えが、今日の日本の状況に示唆を与えてくれるのではないかと期待が高まっている。

第6章　社会福祉と日本文化

1　社会福祉と日本文化の関係性

　日本における社会福祉を考えるときに、日本文化との関係性を考えることが重要である。世界の共通言語としてのソーシャルワークは、それに普遍性があることは数多くいわれてきているところである。
　しかし、社会福祉はそれぞれの地域のなかで展開するきわめて個別性が高い科学であることから、それぞれの地域が持っている文化との関係は否定できない。
　ここでは日本型社会福祉と日本文化の関係性について、時系列的に考察したい。地域を基盤とした社会福祉は、それぞれの地域の文化と深くつながっている。そのアイデンティティーを明確にし、展開していくことがこれからの社会福祉の求められることであると考える。

2　比較における日本文化

　文化とは、原性的（urwuchsig）なものに根ざし、その民族が悠久の昔から営んできている一定の生活の仕方、観念の形態で、歴史の展開・生活の変化にもかかわらず残っているものである。
　また、自然との関係において日本列島のように同一の土地に孤立的に住んできた民族の場合、極めて重要なものになってくる。
　まず日本文化と自然環境が基本的に重要であるとする和辻哲郎の『風土―人間学的考察―』をみることとしたい。
　和辻によると、人間は一般的に「過去」をになうのみでなく、特殊な「風土的過去」を背負っている。風土的な接近によって「人間の歴史的―風土的

特殊構造」の3つの類型がある。

①はアジアモンスーン地帯である。夏の暑熱と湿気、冬の厳寒等自然の暴威に耐えながら、豊かな自然の恩恵があることをよしとする受容的・忍従的な人間類型が形成される。

②は砂漠地帯である。ここの自然は生気のない荒涼としたものである。部族の絶対命令に服従し、自然との間や乏しい自然のめぐみを求めて他部族とたえざる戦闘を繰り返す。

③はヨーロッパである。ここでは自然が人間に対して温順である。従順なる自然によって合理的精神が発達した。

このなかで、特に日本の気候の特殊性に注目する。夏には突発的な台風・冬には大雪という熱帯性と寒帯性が共存する二重性、台風に顕著にみられる季節性と突発性の二重性は、モンスーン型人間の受容的・忍従的な人間構造に特殊な条件を付与し、「しめやかな激情（しめやかでありつつも突如激情に転じ得る如き感情）、戦闘的括淡」という国民的性格を生み出したとみる。

このような国民的性格を生み出してきた気質は、①アジアモンスーン的な人間の間柄的・空間的表現は、「家」であり、②サバンナ砂漠的な人間の間柄的・空間的表現は、「部族」であり、③ヨーロッパ牧場的な人間の間柄的・空間的表現は、「ポリス」であるとしている。

日本人において「家」は、世間＝「外」とは区別される「内」すなわちしめやかな情愛にねざし、「家名」のためなら勇敢に命を捨てることができる場となってきたとしている。

3　家族と家

家族は社会的集団の最小の、かつ基本的なものである。人間がいかなるタイプの家族のなかに生れ育ったかは、その思考のパターンや行為の仕方に決定的な影響をもつと考える。家族構造がその社会・文化上にとって重要となってくる。ここに家族構造の比較がその民族の文化の比較の基礎となる。

次に中根千枝の「家族の構造」をみることとしたい。

中根によると、家族の理想型の類型は3つのモデルがあるとしている。

①はヨーロッパの家族形態に代表される両親とその未婚の子供からなる「小家族」である。

　イギリスでは16世紀にはすでに家族は小家族であり、子供は結婚と共に家を去り新たな家族生活を営むのが普通であった。

　②は「兄弟の連帯を基盤とする大家族」である。インドの家族形態はこの形態である。この家族形態でもっとも重要なのは、父―息子の関係よりも兄弟関係つまり家族の拡大はヨコの血縁関係にあるものによって構成される。

　この「大家族」は家長の絶対的権限ではなく、成人男子の合議制によって決定し、女子の一定の権利も尊重される。

　③は日本にみられる「直系家族」である。

　この家族形態は家長（父）の後継者たる一人の息子が家長の家族に残り他の息子は家を去るということで実現する。息子が家に残るのは父がなくなった後に家長の地位を継ぎ家を継承するためである。

　ここでは家長の地位の継承が最も重要なことであるので、血縁関係は二次的な意味しか持たないこととなる。

　ヨーロッパの「小家族」やインドの「兄弟の連帯を基盤とする大家族」というヨコ関係と日本の「直系家族」というタテ関係の対照比較は、前者は「資格」が重要なものとなるのに対し、後者は「場」が重要なものとなる。

　ヨコ関係家族は、父系であれ母系であれ単系血族の原理がつらぬかれている。同一血縁のあるのは有資格者であり、近隣に住むといった「場」をこえて遠方に住んでいても連帯のなかにある。

　タテ関係家族の原理は、血縁よりは、同じ家（建造物）に住むという「場」にあり、同族にもつらぬかれている。同じ「場」に住まないと血縁でも疎遠となる反面、家は非同族のものを容易にそのメンバーとする。

　このような家の原理としての日本民族の文化の特長は、次の3点になる。

　①家の構成原理として血縁原理の貫徹の弱さがあげられている。これはすでに8世紀には確認されている。家や氏が非血縁を拒否しなかった。中国の父系血縁原理は日本は全面的に受け入れなかった。

　②戸令応分条である。大宝令に定められている家族分配法である。父の死によって開始される遺産分割の規定であり、嫡子（家相続人、他は庶子）が

「父の大半の遺産」を継ぐとしている。

　大宝令に続く養老令は単独相続から分割相続に改定している。平安時代から鎌倉時代の一般的形態は分割相続である。中世中頃以後武家社会になって封地の分散化を防ぐために分割相続を長子単独相続へと切り替わり家が出現する。

　③家では家長の地位の継承が本質的に重要であり財産の相続もそれに付随するとみられ旧民法の家督相続は家の象徴である。

　ここで家督の本来的意味とは家族一般の長の地位や任務をさすものではなく武家社会の父系血縁集団の一族・一門の長の家の軍事的統率者としての地位や任務をさすものであった。しかし、中世以後長子単独相続が発達し、一族一門や惣領制解体によってはじめて財産の相続人たる家長の地位と任務をさすものとなった。

　家を生み出しやすい血縁原理の弱さは日本の古代からたしかに存在したものであった。しかし、家が社会制度として広く庶民層までいきわたるのは、単独相続法の発達とともに江戸時代に確立したといえる。

4　外国文化と日本文化

　日本文化を考えるとき、外国文化の摂取ということがある。日本は孤島にあって孤立した生活を繰り返しながら常に積極的に外国文化を摂取してきた。古代日本は中国文化から儒教や仏教、政治や生産の技術を摂取し、江戸時代の文化と思想の中国の影響、日本の近代化が、西欧文化の積極的な受入れによって進められた。

　このように、日本の文化は外国の影響を受けることによって向上したといえる。

　しかし、外国の影響をそのまま直線的に必ずしも受け入れてきたわけではない。そのことは、津田左右吉の論文にもみることができる。

　①儒教思想などは学者や知識人の間では議論されていたが、実際の生活とは没交渉であった。

　②仏教は中国仏教のように教理を説くような高級なものではなく、民間信

仰などの民衆の心理のなかにある日本独自の仏教である。
　③西欧文化は生活の地盤である経済組織・社会機構と共に一般化した。つまり、古代から現代まで一部の外国文化は日本の自己文化にとりいれてきたが、国民文化の全般からみると、外国の文化は日本人の生活にほとんど影響を与えていないとするのである。
　儒教や仏教が日本の文化に大きな影響を与えていたとするならば、明治の産業勃興期などには違った発展になったのではないだろうかとするのである。
　いずれにしても、日本文化が外国文化の影響を強く受けつつ自己の文化を形成してきたことは異論のないところである。

5　仏教の変容

　仏教の日本的変容の特長は、人倫的なものを重視する傾向である。
　日本仏教は出世間たる教団に属しながら国家や国王の権威を重視し、世俗的活動を重んじる。世俗的生活において絶対真理を体得することを教える教理である。
　最澄の真俗一貫、空海の即事而真、親鸞の在家仏教や行基、空海、叡尊、忍性の社会福祉は、仏教本来の慈悲の限界を超えるものであった。
　インドの仏教は、観想的であり真理をみることが中心であった。修行者自らが体得するものであった。
　日本の仏教は、人間の信頼関係に即する道徳的実践と深い道徳的反省について鋭敏であった。日蓮は仏教とは正直の実践であるといった。
　日本仏教は、非合理主義的傾向である。日本人は、論理的思索に劣り抽象的普遍性をもった空想性に乏しい。すべてに直観的・情緒的であり単純な象徴的事象を好む傾向にある。
　仏教は、本来普遍性を好むインド人の思想や空想の所産であり、真実の理法を体得するものであり、それを哲学的に体系化したものであった。それを日本仏教は単純化し民衆の生活のなかに生かしたものであった。外国の仏教を日本仏教のなかに変容させているのは日本文化に他ならない。

6　儒教の変容

　儒教が、日本に影響を与えるようになった理由として①中国歴代の王朝によって正統的な思想として尊重され、それを模倣しようとする風潮が日本の為政者や知識人の間に続いたこと、②民族や国家の限界を越えて広く万人の人間性に訴え知的に洗練された思想であったことがあげられる。
　それを基本にして儒教の日本的変容の特長は、次の３点になる。
　①「敬」を中心とした中国の儒学に対して日本化された儒学は「誠」中心にした儒学であった。外面の威儀よりも内面の心情の清さに重きをおいた。韓国と違って冠婚葬祭の観念や儀礼には影響はみられなかった。
　②「法」それ自体への信受ではなく「法」を説く個人への信頼のへとなっていった。
　③法を法として尊ぶのではなく法を個別や特殊の事情に即して理解する傾向になった。つまり、われわれの行為はその時とその所、さらに人間関係における自己の位置、身分、能力に即するべきという考え方になった。

7　日本文化論

　R・N・ベラーによると、日本文化の特徴は次の３点になる。
　①日本の価値体系は普遍主義（法・永遠・真理・正義を重んじる）ではなく特殊主義（家・部族・国家を重んじる）であり、属性主義（性・身分・徳を重んじる）ではなく業績主義（業績を重んじる）である。
　②自然と神の恩恵に感謝する行為と自然と神をその存在根拠としている。
　③倫理的に利己心は罪とされ、神への献身によって全体への没我によって充実しようとする。

8　福祉文化論

　福祉文化論を考えるときに福祉の文化化と文化の福祉化がある。

①福祉の文化化は、従来の社会福祉がいわゆる救貧対策的なものとしてとらえられ、灰色のイメージであった。しかし、福祉が本来人間としての幸福を求めての日常生活という意味でとらえるならば、それは文化的な生活を意味することに他ならない。

日本国憲法第25条には「すべての国民は健康で文化的な最低限度の生活を営む権利を有する。」と制定されている。特に社会福祉の究極の目的が自己実現の援助であり、そのあり方を追及していくという視点にたつならば文化を含み得ない社会福祉はありえない。

②文化の福祉化についてであるが、従来日本は文化というと高額な文化遺産を楽しむということであった。

しかし、本来文化は（ｃｕｌｔｕｒｅ）とは日々の暮らしの中で環境に働きかけながら真・善・美を目指しながら努力する過程で多面的に産みだされるものである。

すべての人が、草の根から文化創造を目指して日々の生活が営まれてこそ文化の基盤はより広く深まり高まるといえる。福祉と文化は日々の生活をさらに生涯学習を媒介に統合されるべきである。

すべての人の当たり前の暮らしのなかから自らを楽しみ、互いに高めあい、人間らしい生活を営むためのあり方づくりを福祉文化という言葉としてイメージしたいとしている。

現代日本の社会福祉は、欧米からの直輸入であることは広く知られている。しかし、近年になって、日本文化に根ざした社会福祉の構築が叫ばれるようになっている。いわゆる豊かな文化のなかに福祉文化が生まれてくるという考え方である。

制度や政策がいくら整備されても人身が文化に裏打ちされていないと豊かな社会にはなれないとする考え方である。日本文化と社会福祉の関係性についてもっと広く深く考察していく必要に迫られている。

第2部
歴史編

第1章　真言宗社会福祉の歴史
第2章　高野山真言宗の社会福祉
第3章　真言宗智山派の社会福祉その1
第4章　真言宗智山派の社会福祉その2
第5章　真言宗豊山派の社会福祉その1
第6章　真言宗豊山派の社会福祉その2

第1章　真言宗社会福祉の歴史

　真言宗は、弘法大師空海（774 〜 835）が今から約 1200 年前に独自に真言密教として立教開宗したものである。
　真言密教は、弘法大師空海が中国へ留学し、恵果阿闍梨から中国密教を伝持されて日本に帰ってから独自に真言密教を考え出したものである。恵果阿闍梨はインド密教を中国に持ってきた金剛智から金剛頂経を不空から大日経を伝持され、それを統合し中国密教を大成させた。
　また、日本には弘法大師空海の真言密教とは別の密教が伝わっている。さらにインド密教はチベットに伝わり現代においては、チベット密教として独自に発展している。
　すなわち密教はインド、チベット、中国、韓国、日本へと伝わり、と同時に弘法大師空海の独自の真言密教が日本において結実している。
　一般的に真言宗といった場合は、弘法大師空海の真言密教の教理にのっとったものとして考える。真言宗の成立は諸説ある（807 年説、823 年説、835 年説）が、いずれにしても空海が中国から帰って入定するまでの間であることは確かである。
　また、真言宗の教理の特徴は空海によって完結しているということである。その後の真言宗の変遷は、教理上の対立ではなくそれ以外によるものである。
　教理的対立は唯一であるが、近世末期に高野山に大伝法院を創建した覚鑁（1095 〜 1143）が高野山を追われて根来山に移住しその末流が新義派となる。その古義と新義の違い、つまり「大日如来の説法」をめぐって、「本地身説法」と「加持身説法」対立を明確化させたのが、覚鑁の嫡流である頼瑜（1236 〜 1304）であった。この考え方の違いが現在の古義真言宗と新義真言宗となっている。
　以来、江戸時代・明治の初めの頃までは、この古義真言宗と新義真言宗の

2つの流れだったが、明治33年に古義真言宗の4派（御室派、高野派、醍醐派、大覚寺派）と新義真言宗2派（智山派、豊山派）の合計6派が独立認可され、それぞれ同格の形で管長を別置した。

明治35年には東寺派、山階派、泉涌寺派、勧修寺派も独立し10派となった。

昭和14年には宗教団体法が制定され、宗教の国家統制が強化されますとそれに従って、昭和16年2月に真言宗各派は合同の協定書に調印し、同年7月新真言宗として発足した。

昭和20年の敗戦後、マッカーサー司令官により宗教団体法が廃止されると、同年12月22日から3日間の日程で東寺において真言宗の臨時宗会が開催され、真言宗各派は分離独立することとなった。具体的には、真言宗各派は昭和21年3月をもって分離独立をしている。

同時に昭和21年には宗教法人法が制定され、第二次大戦敗戦後は民主的な宗教政策に転換した。同じ真言宗でも自由に分派独立が可能となり、真言宗各派でも多くの宗派が林立することとなった。

現在では、弘法大師空海の真言密教を教理の中心とする真言宗系の宗派は、文化庁の宗教年鑑には46団体の包括法人として真言宗各派が登録されている。宗教団体としての寺院・教会の合計は14,781ヶ所であり、教師の数は69,389名となっている。

このなかで、比較的規模の大きな宗派の16宗派18本山が、「真言宗各派総大本山会（各山会）」を昭和28年に発足させている。これは弘法大師空海が834年に宮中真言院で正月8日から14日まで真言の大法を勤修したことに始まる伝統行事である「後七日御修法」を実施する（現在は東寺で行われている）ための便宜的な限定的な会合に過ぎないということである。真言宗の合同といった集まりではない。

したがって、「真言宗各派総大本山会（各山会）」は、全真言宗を代表している組織ではない。しかし、真言密教の教理は弘法大師空海が完結しているために教理上の対立は、古義と新義の違いをのぞき全くない。そのことが多くの宗団が真言宗を名乗っていることとつながっている。そこが天台宗と浄土宗、日蓮宗、曹洞宗との関係と違うところではある。

教学の面では、高野山大学同学会、種智院大学密教学会、智山勧学会、豊

山学会が日本密教学会を設立している。日本密教学会は現代における真言密教の教学をトップリードしている。

これには宗派性はなく真言密教の教理研究を行っている。古義も新義も共通課題をもって展開している。

つまり真言宗系の宗派はそのほとんどが弘法大師空海の真言密教の教理に基づいて存在している。しかし、真言宗各宗派の運営はそれぞれの宗派が独自に行っているのが現状である。

一口に真言宗といっても、それをすべて説明することは困難である。その特殊性が真言宗を理解する上では必要である。

真言宗系の寺院・教会の14,781ヶ寺のうち、高野山真言宗3,629ヶ寺、真言宗智山派2,896ヶ寺、真言宗豊山派2,645ヶ寺であり、この真言宗三大宗派の合計は9,170ヶ寺で真言宗系の宗派の約62％をしめるために、従来から真言宗について研究や調査をするというと、この真言宗三大宗派を代表的にとりあげてきている。

しかし、この真言宗三大宗派がすべてを代表することはできないし、してはならないと考える。真言宗は多様に宗派が存在するということを理解するということが真言宗を理解することになる。

紙幅の関係上、すべての真言宗を述べることができないので、これ以降は真言宗三大宗派を中心に述べるが、真言宗のすべてを述べていないということを断っておきたい。

戦前は、仏教各宗派でも同じであるが、高野山真言宗、真言宗智山派、真言宗豊山派はそれぞれ社会事業協会を組織し、政府に代わって、積極的に総合的に仏教社会福祉を展開していた。

戦後はいわゆるＧＨＱ３原則によって仏教宗派の公的社会事業への関わりは事実上禁止されたので、民間社会事業の一部としての役割を担うことになった。

第2章　高野山真言宗の社会福祉

1　真言宗の各宗派

　昭和20年の敗戦後、マッカーサー司令官により宗教団体法が廃止されると、同年12月22日から3日間の日程で東寺において真言宗の臨時宗会が開催され、真言宗各派は分離独立することとなった。具体的には真言宗各派は昭和21年3月1日をもって分離独立をしている。同時に昭和21年には宗教法人法が制定され、第二次大戦敗戦後は民主的な宗教政策に転換した。
　同じ真言宗でも自由に分派独立が可能となり真言宗各派でも多くの宗派が林立することとなった。
　現在では、弘法大師空海の真言密教を教理の中心とする真言宗系の宗派は、文化庁の宗教年鑑には46団体の包括法人として真言宗各派が登録されている。宗教団体としての寺院・教会の合計は14,781ヶ所であり、教師の数は69,389名となっている。
　真言宗系の寺院・教会の14,781ヶ寺のうち、高野山真言宗は3,629ヶ寺をしめる。

2　終戦・戦後復興期（1945～1955）

　高野山真言宗は、1946年7月にまず和歌山県の要請を受けて戦災による要援護者（老幼孤児300名）を高野山に受け入れている。また、同年同月には大原智乗管長の「告諭」により、全国の寺院に罹災者の収容、援護、食料供出、供米托鉢等の協力を要請した。
　いうまでもなく、全国の所属寺院はこれに呼応した。同年9月には高野山真言宗・堀川別院（京都）に弘法教援会が発足し、救済事業を展開してい

る。同年10月には社会事業協会が設立され、1寺院1社会福祉が提案されると同時に、同年11月と12月を「戦災同胞援護運動実施月間」として展開している。

1947年8月7日、高野山真言宗は、第1回社会事業協議会を開催し、戦災寺院復興、引揚開教師救済、社会事業連盟設置、社会事業講習会等11項目について審議決定した。この会議は戦後の高野山真言宗の社会事業への取り組みを決定した重要な会議であった。

1948年11月1日、高野山真言宗は支所長・自治布教団布教師・社会事業研究員・金剛流詠歌関係者を招集し、高野山真言宗社会事業要綱等を配布し、社会教化事業・教化活動種目として次の方針を決定した。
①生活保護事業（救貧・育児・施薬・引揚者援護・遺族）
②福利事業（簡易宿泊所・健康相談所・職業紹介等）
③司法保護事業（青少年補導相談所・法律相談所・釈放者保護）
④社会教化事業（託児所・密教青年会・融和事業・無料宿泊所）
⑤教育事業（私立各種学校・幼稚園・母親学校等）
⑥主管者の進出しうる社会教化事業の領域（教育委員・民生委員・生活保護委員・児童委員・少年保護司・少年教護委員）

この要綱をうけて1949年3月には宗会において、同年4月は支所長会において社会福祉を重点的に展開する旨を述べている。同年8月には高野山真言宗密教婦人会総連合が承認され、婦人会の事業が社会福祉、特に児童福祉事業の推進をあげている。

1950年4月の高野山春季万灯大法要第6日目に、はじめて「世界平和祈願護摩供」を厳修した。同年7月には福祉保障制度を創設した。同年9月のジェーン台風の被害調査と災害見舞いの慰問使を派遣している。

1953年5月には京都嵯峨寿楽園の老人30名を高野山に招待し、受戒、慰安茶話会が開催された。同年7月に近畿南部を襲った豪雨による被災者のための義援金を寄付すると共に300名を高野山に受け入れた。同年同月九州での水害についても見舞金を送った。

義援金や見舞金の原資は、高野山真言宗所属の寺院協会、金剛講、大師講のよる托鉢によるものであった。

これ以降、高野山真言宗水害対策事務局を設置しそこを窓口に活動を展開している。高野山真言宗は各地の災害対策に現在に至るまで積極的に活動している。
　1954年6月には、高野山真言宗教学部による社会福祉助成金配分に関する調査がまとまり、高野山真言宗管下寺院が経営する社会事業が明らかになり、
①保育所38・季節保育所25
②日曜学校42
③婦人会18
④施設3・医療5・学園3・図書館3
などとなっている。
　同年9月、高野山真言宗は陀羅尼助（高野山の民間薬）を全国の養老院に送ることを決定した。

3　高度経済成長期（1956〜1979）

　この時期は、高野山真言宗が戦後の混乱からようやく落ち着いて組織的に社会福祉事業を展開する時期である。
　まず、はじめに1957年5月には高野山真言宗保育連盟が結成された。同年10月には横浜市で関東地区保育関係者研修会を開催し、同年11月には倉敷市で関西地区保育関係者研修会を開催した。これ以降毎年保育大会が開催されている。
　高野山大学講演部は1961年に第1回沖縄伝道を実施し社会福祉施設伝道を行った。以降不定期ではあるが社会福祉施設伝道は継続することとなる。
　また、1963年11月、高野山教誨師会が結成された。更生保護の中心として活動することとなる。
　1972年の「第48次定期宗議会」において「同和問題」が協議され、「同和教育」を展開することを決議した。以降、同和問題について認識を深めるための学習が全国的に展開することとなる。

4 低成長期からバブル経済期（1980 ～ 1991）

　この時期は、高野山真言宗が社会福祉問題に対して本格的に取り組むことが社会的にも宗内外から要請があった時期である。

　1981 年に「真言宗実践叢書」が発行され、その記述に差別問題があることが指摘され、特に差別戒名についての問題が提起された。そのために 1981 年 12 月には同和教育推進のために「高野山真言宗同和問題協議会」を発足させた。

　さらに 1982 年 3 月、宗内に「同和局」を設置し、宗内に同和委員会を設置し、全国各支所に支所同和委員会を設置した。

　この同和教育はさらに高野山真言宗・真言宗智山派・真言宗豊山派が 1984 年 2 月に第 1 回合同同和研修会を開催している。

　1984 年の弘法大師入定 1150 年御遠忌記念事業に寄せられた浄財 1 億円あまりを基金にして「高野山真言宗社会福祉基金」が創設され、以後の基金の増資をはかるために「高野山真言宗御宝号念誦運動」を展開し今日に至っている。

　「高野山真言宗御宝号念誦運動」は全国の寺院の協力を得てその浄財を基金に繰り入れているものである。高野山真言宗御宝号念誦運動本部によると、ちなみに現在は毎年 3,000 万円あまりが募金され、合計で 5 億円あまりの基金となっている。

　また、その基金を公平に明朗に助成するための審議機関として、1987 年には「高野山真言宗社会福祉委員会」を設置した。この委員会は宗内外の学識経験者や内局で構成され、毎年の社会福祉に関する事業や助成について審議決定している。

　1991 年には「社会福祉支所奨励金」制度が創設され、全国支所での社会福祉事業の実施を奨励している。毎年応募があった支所のなかから選考委員会において選出している。

　この他に、1887 年にカンボジア難民救済、1991 年に湾岸戦争救援金、1992 年に雲仙普賢岳救済等災害救援を行っている。

5　バブル経済崩壊から現在まで（1992 〜現在）

　この時期は、高野山真言宗が社会福祉に対して宗内ばかりでなく大きく宗外に展開していく時期である。

　1992 年 2 月に開催された高野山真言宗社会福祉委員会では「ビハーラへの取り組み」が盛り込まれ、1993 年 2 月の社会福祉委員会では在宅ねたきり老人の援助、老人介護講習会の開催、災害救援活動などを決定した。同年 5 月には財団法人アイメイト協会に 300 万円を寄託して、盲導犬 1 頭を贈っている。以降毎年盲導犬 1 頭を贈っている。

　1992 年 9 月には国際交流センターが設置された。1993 年 6 月にはこの国際交流センターをとおして、ベトナム、カンボジア、タイ、スリランカに対して、宗教と教育に関して資金が援助された。

　1994 年 3 月の定期宗会において、教学部長から社会福祉全般について報告があった。宗内外における高野山真言宗に社会福祉の活動が明らかになった。

　すなわち、社会福祉奨励並びに顕彰、盲導犬贈呈、点字図書出版、介護読本出版、南方仏教圏への支援等多方面にわたるものである。

　1995 年 1 月には高野山真言宗兵庫県南部地震災害救援本部を設置した。社会福祉基金から 2 億円を取り崩し救援活動にあてた。

　2000 年以降、高野山真言宗教学部は、密教福祉講習会、心の相談員講習会、スピリチュアルケアワーカー講習会等を開催し人材の養成にも本格的に取り組んでいる。

第3章　真言宗智山派の社会福祉その1

1　仏教の社会福祉実践

　現代は、一方において、1945年（昭和20年）以後、様々な法律や社会制度が整備され、一見何不自由のない豊かな生活をしているように思える。
　他方においては、今日の社会ほど幸せではない社会もないともいわれている。現象的には、世界一の子供と高齢者の自殺率、高齢者虐待、リストラ、エセ宗教の流行、学校崩壊、社会連帯感の欠如等々の社会問題や社会的問題をあげれば枚挙にいとまがない。
　現代は物質的には豊かであるが、精神的には幸せでない社会といえる。何かいつもいいようのない漠然とした不安がつきまとっている。そして、人々は宗教にそのよりどころを求めようとしている。その隙間にエセ宗教が入り込んでいることも無関係ではない。
　しかしながら、現代の宗教教団や仏教宗団、寺院・僧侶は、そのような大衆のニーズに答えていないと多くの人々は感じているのではないだろうか。
　特に一般的にみて寺院・僧侶は、葬式や法事だけに登場するだけという印象が（もちろんそうでないことも多々あるが）強いのではないだろうか。
　本当は、このような混沌とした社会だからこそ、寺院・僧侶に対して、仏教本来の教理を具現化・具体化することや自利利他行の実践化が要求されているのではないか。
　ここでは、法律や社会制度が未整備・未成熟であった大正期・昭和初期において、仏教各宗各派が積極的に実践した社会的諸活動実践、とりわけ仏教社会福祉実践の発展についてとりあげて考察したい。そして今日の寺院・僧侶の今日的課題を明らかにしたいと考える。
　特に、今日に伝えられるところの社会福祉の歴史においては、仏教各宗各

派のなかで特に真言宗各派は社会福祉に対しては不熱心であったとされている。

しかし、後に詳述するが、真言宗各派も時代の要請に従って、積極的に仏教社会福祉実践を展開しているという事実がある。

筆者が所属する真言宗智山派においては、今日まであまり紹介されていなかったが、大正期・昭和初期において、宗派をあげて仏教社会事業実践に取り組んでいることも成田山図書館や慶応大学図書館等での資料において裏づけられた。そして、当時の青木栄豊管長の訓諭、平沢照尊宗務長の告諭は、格調が高く名文であり、この時代の仏教社会福祉実践の1つの決意表明であると思う。

この章においては、大正7年（1918年）から昭和20年（1945年）までの大正期・昭和初期において、急速に発展し、消滅した仏教社会福祉について、その時代背景を概観しつつも、この時代の1つの重要な事例として、真言宗智山派の仏教社会福祉実践について考察する。

そのことは、とりもなおさず今日の真言宗智山派においても消滅してしまった仏教社会福祉実践について再構築するための指針たりうるのではないかとの思いがあるのは事実である。

最近になって、ようやくかつて隆盛した仏教社会福祉実践について、仏教各宗各派においても見直されつつあり、その研究もなされるようになってきている。そのことは、今日の社会福祉の閉塞的状況とも無縁ではない。

また、今後の寺院の社会諸活動実践に多くのことを示唆しているのではないか。

今日において、仏教者は、先人が実践してきた仏教社会福祉実践に学び、実践していくことが求められているのではないか。

2　大正期・昭和初期の社会的背景

仏教宗団は、明治維新によって、近代思想と出会って封建的思考を残存しつつも近代的脱皮を試みようとしていた。

島地大等は「明治期は政治的・国民的であったのに対し、大正期は汎人的・

社会的・世界的だ」としている。

　吉田久一は「大正期の思想は、自我主義・個性主義・教養主義・文化主義等の個人的側面と民本主義・宗教的ヒューマニズム等の社会的側面の二方面に大別できるとし、特に大正中旬以降からは、社会的側面について、多くの関心が寄せられるようになった」としている。

　また、海野幸徳によると「日本において社会事業という用語が、慣用されるようになったのは、1918年（大正7年）頃であるとし、それまでは慈善事業・感化事業・救済事業・防貧事業であった」としている。

　日本において公式に「社会事業」という用語が使用されたのは1912年（明治45年）5月に設立された仏教徒社会事業研究会であった。

　さらに1914年（大正3年）6月13日には、東京で第1回仏教徒社会事業大会が全国仏教主義の社会福祉に従事する人々が集まり開催された。

　この大会は、全国の仏教者が実施する社会福祉を、広く一般社会に知らしめる契機となった。役員としては、大会委員長の宗教大学（現在の大正大学）教授渡辺海旭をはじめとして、仏教各宗各派の代表者や研究者、実践者が数多く名を列している。

　特に真言宗智山派成田山新勝寺貫主石川照勤は物心両面にわたり大きく貢献したとの記録がある。

　また、内務大臣大隈重信をはじめ、内務省地方局長、東京府知事、東京市長等多数が祝辞を述べている。その日の午後の講演会では、大内青巒、本多日生、村上専精、権田雷斧等が演説をしている。

　その後、1920年（大正9年）には、第2回大会を東京で開催し、1921年（大正10年）に、第3回大会を大阪で開催し1922年（大正11年）に、第4回大会を東京で開催してそれぞれ成功をおさめた。以後戦時体制になるまで、随時開催していくこととなる。

　1920年（大正9年）には、仏教徒社会事業協会編集により、「仏教徒社会事業大観」が出され、各宗各派ならびに全国各地の仏教社会福祉を集大成する形で理論と実践両面において紹介している。

　今日において社会福祉についての理解は、社会事業は慈善事業の発展したものであり、さらに社会福祉は社会事業の発展したものであり、社会福祉サー

ビスは社会福祉事業の発展したものであるとされる。

　今日われわれが一般的に在宅福祉サービスや施設福祉サービス等の社会福祉サービスは、その歴史的発展段階において、有史以来、時系列的にあげると慈善事業・救貧事業・救済事業・感化事業・防貧事業・社会事業・社会福祉へと変遷してきた。

　しかし、慈善事業と社会事業の間には、決定的なパラダイム転換があったことは指摘するまでもない。生江孝之は、「智嶺新報」の講演録で、慈善事業と社会事業の違いについて次のように述べている。

　「慈善事業とは、慈善行為が組織的・永続的になったものであり、慈善行為とは人間の本能の発露である」とし「そしてその発露が修養の結果、意識的になったものでその具体的実践が慈善事業である」としている。

　つまり、慈善事業とは仏教者自身が信仰の本位から発して、その行動により具現化していくプロセスを経るという性格を持っている。このように仏教と慈善とは深い因果関係をもっており、仏教修業の本来的構成要素の1つとなっていると考えられる。

　しかし、慈善事業は、一個人の仏教者による個人的発露であるため、その行為は一時的・個別的対応にならざるを得ない。また、国家や社会に対しての義務責任的行為ではなく、一個人の篤志によるものという限界をもっている。組織的でないために濫救・漏救は避けられず、モラルハザードや不正が頻発することも避けられない。

　慈善事業に繋がる救貧事業があるが、これは国家が法律を制定して貧困者に対して必要最低限（ナショナルミニマム）の生活を保障するということであったが、それは非常に懲罰的であった。貧困者に対して厳しい刑罰を与えたものであった。そのため貧困者は暴徒集団となり社会の秩序を乱すようになった。法律によって貧困をなくすことは不可能であることが歴史的に証明されている。

　救貧事業の代表的な国家による法律は、1601年のイギリスにおけるいわゆるエリザベス救貧法である。事後的・応急的・消極的の救貧方法といわれた。その後、ドイツにおいてエルバーフィルド法が制度化され、今日に続く慈善事業の基本的系譜となった。

生江孝之は、さらに「社会事業とは、社会連帯責任の観念から、社会的貧困を対象にしたもの」とし「社会的原因によって、ある階級がおしなべて貧困になったもので、自分が悪いから貧困なったというよりも社会制度の欠陥からくるものである」と述べている。

　つまり、社会福祉は、社会制度から積極的にはじきだされる人々または適応できない人々をどのように救うのかが課題であるといえる。

　社会的貧困の原因は、失業と疾病の2大原因であり、それを社会的にどう救うかが問題となる。この社会福祉の今日的課題をいえば、老人介護や子育て等は、家族の問題（慈善事業にあたる）であると認識された伝統的考え方から、老人介護や子育て等は、社会の問題（社会事業にあたる）との認識へと変容してきたことと符合する。

　慈善事業から社会福祉へと歴史的発展をしてきたという短絡的なことではなく、重複しながら重層的に乖離的状況のなかで発展してきていると考えるべきである。

　今日の社会福祉サービスは、その制度・システムや財源ばかり議論がなされており、そのサービスを受ける人間のことについての議論はなされていない。今の社会福祉サービスは人間不在であるとする意見まででている。

　制度・システムは不充分であったところの大正・昭和初期の社会事業を概観することによって、今日の我々が忘れてしまった社会福祉の原点たるヒューマニズムが見えるのではないか。

　この小論でとりあげる近代後期は、大正7年から昭和20年までであるが、この時期は次のように区分できる。

　①第1期、大正7年（1918）～大正12年（1923）
　②第2期、大正13年（1924）～昭和4年（1929）
　③第3期、昭和5年（1930）～昭和12年（1936）
　④第4期、昭和13年（1937）～昭和20年（1945）

　すなわち第1期は、社会福祉という用語が定着しはじめた大正7年には米騒動や大正8年には床次内務大臣の民力涵養運動をはじめとして、寺院の開放運動、戦後恐慌、関東大震災などがあり社会事業の成立期と言える。

　第2期は、震災復興、経済恐慌、救護法（救貧法）の制定等であり社会

事業の拡大期にあたる。

　第3期は、世界恐慌の深刻化、満州事変、反宗教運動、日中戦争などがあり社会福祉の変質期である。

　第4期は、厚生省が設置され、戦時体制により社会福祉は終焉し、厚生事業となり滅私奉公、銃後の守りとなった時期である。

　紙幅の関係から代表的事柄をあげたが、この近代後期における社会福祉は急激にその発展をみせ急激に終焉した。ここで特筆すべきは社会問題へ対応するための社会福祉に対して、仏教者（宗団・寺院・僧侶）が積極的にコミットしていることである。

　現代の社会福祉サービスは、国家責任が強調されるあまり、民間の諸活動があまり必要でないかの印象があるのが事実である。さらに、社会福祉は国が実施すべきであると考えている国民（納税者）が多数存在することにも起因する。

　しかし、近代後期の社会福祉は、民間の篤志家や仏教者が中心となって、主体的に取り組み多くの成果をあげている。国はこれらに対して後方から支援するということで進められている。

　仏教者にとって、その信仰的発露の実践と眼前にいる貧困者をほっておけない憐憫の情によって支えられた社会福祉実践であった。仏教者が自己を問い直し、どう社会にコミットしていくのかを真剣に考えていた時代であった。

　今日では成立しなくなってしまった仏教社会福祉が成立していた背景には、仏教者個人に地道な実践活動があったからに他ならない。そしてそれが、現代の宗団・寺院・僧侶が考えなければならない大きな課題ではないか。

3　真言宗智山派の仏教社会福祉への取り組み

　この時代は、前述の近代後期の時代背景、つまり、時の政府の方針である「民力涵養運動」と、「社会問題の顕在化」によって、仏教者も社会の問題に関心を寄せざるをえないという状況はあったにせよ、多くの仏教者が社会福祉に取り組むようになった。

　明治初期より既に積極的に社会福祉実践を展開していた仏教宗団もあれ

ば、大正後期になってようやく活動を始めた仏教宗団もある。その内容にも格差が多々あるが、ほとんどの仏教宗団各宗各派において、仏教社会福祉・寺院社会事業を組織的・永続的に展開している。その実践活動は、戦時体制下になるまでその隆盛を見るにいたった。

ちなみに第二次世界大戦後の仏教社会福祉は、組織的には全くといっていいほど姿を消してしまった。

ここでは、大正・昭和初期に、多くの仏教各宗各派が仏教社会福祉に取り組んだなかで、真言宗智山派の仏教社会事業への取り組みについて１つの事例として「智嶺新報」、「智山派宗報」、「真言宗宗報」の記録のなかから参照していきたい。

智山派が宗団として、智山派の住職・僧侶として、いかに社会にコミットしていったかについて概観していきたい。

（１）第１期（成立期）、大正７年（1918）〜大正12年（1923）

この時期に注目すべきは、後の智山派宗務長（現在の宗務総長）に就任することになる智山伝道会会長平沢照尊師の社会問題に対しての著書「社会奉仕と衆生恩」が大正８年に出されていることである。

そのことは、智山派において初めて公式に「社会」という用語を用いたからに他ならない。平沢照尊師は、以後終生にわたり智山派の仏教社会福祉と関わることとなる。

宗団として組織的には最初に大正９年６月に智山子供会を発会させ、翌年には保護者会も発会させている。児童の社会活動に宗派として関わっていること注目したい。

大正11年にキリスト教者で内務省嘱託の生江孝之が講演（前述）している。社会問題への認識を高めようとする努力が見られ、学習意欲もうかがわれる。

大正11年11月には、仏教総合会において、仏教徒社会福祉の奨励に関して決議している。すなわち各派に社会課を設置して次の事業を行うとしている。

①住職に社会福祉を経営させること
②住職に社会福祉の各種講習会に参加させるこ

③住職経営の社会福祉への補助と表彰をすること
　④社会福祉に関して各宗派が協同して奨励すること
などをはじめとして各地方の社会福祉について細かく決定している。
　この時期において仏教界全体の問題として社会福祉をとりあげる姿勢が鮮明になっている。社会事業への取り組みが本格的になりはじめた。

（２）第２期（拡大期）、大正13年（1924）～昭和４年（1929）

　通仏教において、大正９年の「仏教徒社会事業大観」に引き続き大正12年には「仏教社会事業名鑑」が出されたが、智山派においては大正14年に社会事業調査を開始している。

　この調査は、この第１回調査から昭和11年の第５回調査まで続いた。そしてこの第１回調査の結果をもとにして大正15年５月に「智山派社会事業要覧」として発刊された。

　この社会事業調査の詳細については、次の機会に紹介したいと考えるが、この調査によって、大正15年の一般会計予算に社会事業奨励費500円がはじめて計上された。さらに、社会事業関係者の組織化が進むこととなる。大正15年の布教講習所においての講師にも社会事業の一流の研究者が複数就任している。

　昭和２年６月17日には、智山社会事業連盟が発会している。規約の制定や役員の選出を行っている。さらに智山社会事業連盟時報を発刊することとしている。

　昭和３年６月４日には青木栄豊管長の訓諭が出され、社会事業に対する理念を述べている。

　また、続いて同年６月５日の教令諭達において、智山派社会事業奨励規程を制定し、社会事業届の書式を整備している。

　これを受けて、平沢照尊宗務長が、６月30日の宗牒告示によって、具体的に社会事業活動を展開すべくその決意を述べている。青木管長と平沢宗務長の文章は、その時代の僧侶の水準をしめす１つの典型となっている。

　これをもって智山派として総意において社会福祉に取り組む姿勢が整ったといえる。基本的には、このことが終戦まで維持されることになる。

智山社会事業連盟時報は、昭和3年に7号（7月）まで独自に発刊していたが、同年8月からは智嶺新報の時報欄に掲載している。以後、全国の社会福祉実践を紹介している。昭和3年11月には、第1回社会事業奨励金を、116寺院・3個人に交付している。

　この時期は、智山派の仏教社会福祉が史上最も隆盛したといえる。

（3）第3期（変質期）、昭和5年（1930）～昭和12年（1936）

　昭和5年3月には、智山派社会事業協会・評議員会が開催され、理事・評議員の役員選出や予算決算、事業計画事業報告などが承認されている。社会福祉について、宗派として組織的に行われていたことがうかがわれる。

　また、昭和5年4月には、智山派教師の方面委員（現在の民生委員）の調査を行っている。そして、方面委員に智山派の社会福祉のために働いてもらいたいとの呼びかけもしている。

　昭和6年6月21日には、智山伝道会と智山社会事業協会が合併し、智山教化事業連盟が結成された。以後智山派の社会福祉は、智山教化事業連盟社会事業部にて行われることとなった。総裁は管長、会長は宗務長が就任している。

　昭和6年11月には、第1回智豊合同の社会事業講習会が開催されている。以後毎年第10回まで続くこととなる。

　昭和9年6月には、弘法大師1,100年御遠忌奉賛児童大会が開催されている。また、全国智山派の子弟に児童大会記念の書方を募集し、その席上で表彰している。

　昭和10年の社会事業表彰者は149寺院が受賞している。

　昭和11年には、智豊連合社会事業協議会が結成され、社会事業の指導体制について建議している。

　昭和11年1月から社会事業調査が開始され、同年12月に「智山派各種事業要覧第5集」として出版されている。また、同年9月には、日満社会事業大会へ代表2名を送っている。国際的な活動も行っている。

　昭和12年9月には、内閣総理大臣近衛文麿の戦時体制強化の告諭が出され、それを受けて智山教化連盟は、①国民精神総動員、②銃後運動の徹底を

打ち出した。同年12月には時局講習会が開催され、社会事業の変質がここにはじまった。

　智豊合同の社会事業講習会は、昭和12年11月で第10回目開催されたが、これ以後は開催されていない。

（4）第4期（終焉期）、昭和13年（1937）～昭和20年（1945）

　昭和13年5月に、全日本仏教徒社会事業総連盟が結成された。智山教化事業連盟も参加している。これは戦時体制に協力するものとしての役割であり、従来の仏教社会福祉とは似て非なるものである。

　同年8月には、全国各宗派寺院住職僧侶総動員が仏教総合会にて決議された。各宗派においては、非常時に対する協力が中心的課題となってきている。

　昭和14年には、宗教団体法が施行され、法律によって宗教の国家統制がなされるようになった。

　同年の5月に、社会事業届の提出について報告を求めた以後は、「社会」という用語は使用されなくなっている。

　昭和15年頃から生活全般にいたるまで国家統制がなされるようになり、例えば年賀状や施本の配布なども自粛するようにとの記載がある。同年には真言宗の合同の議論があった。

　昭和16年2月10日に、真言宗各派合同に関する協定書が調印され合同がなされた。よって智山派は発展的に解消され、智山派宗報も休刊となった。昭和16年7月から新真言宗として出発した。

　真言宗宗報には、昭和20年の終戦までの戦時体制に協力することが中心となり、社会福祉に関する記載は全くなくなった。
また、非常時体制下では厚生事業となり戦争遂行に協力することとなり、僧侶の戦死の公報が随時掲載されるようになった。

　仏教社福祉はここに終焉することとなった。

4　議論すべき課題

　近代後期の仏教社会福祉について概観し、智山派の仏教社会福祉への取り組みについて、そのプロセスをみてきた。智山派として、特に大正後期・昭和初期に仏教社会福祉が隆盛したことが歴史的事実として明らかになった。
　しかし、そのような先人の社会福祉実践がありながら、なぜ現代において智山派は社会福祉に宗派として組織的・永続的に取り組まれていないのであろうか。
　これから、超高齢社会においての介護や生きがいの問題、少子社会においての子育てや教育の問題などの社会問題が山積している。
　そのような状況において、仏教者が社会活動を実践しなければならない事柄が存在していることも事実である。そこのところが今後、宗派や住職・僧侶が最も議論すべきことではないだろうか。
　大正後期・昭和初期の社会問題は、現代においても形を変えながら数多く存在している。その社会問題に対する対処方法が、現代のわれわれが、先人に学ぶべきことなのではないかと考える。

第4章　真言宗智山派の社会福祉その2

1　積極的・総合的に仏教社会福祉を展開

　真言宗は、密教といわれている。その密教は「大日経」と「金剛頂経」を根本経典にして仏教のなかでは最も遅く成立した仏教である。釈尊から1000年が経過してから5世紀から6世紀頃にインドで成立した仏教である。
　そして、7世紀から8世紀の間に密教は頂点に達し、それまで呪法の経典であった雑密経典が、「大日経」と「金剛頂経」という2つの流れのなかで思想的に体系化され、正純密教として成立した。
　正純密教は「大日経」と「金剛頂経」に集約される密教として大日如来を本尊とし曼荼羅を中心とする宇宙観を生み出した。
　インドから中国に密教が伝えられ頂点に達したとき、弘法大師空海（774〜835）が入唐しわずか2年の間に恵果阿闍梨から中国密教のすべてを伝授されて帰国した。帰国後弘法大師空海は独自に真言密教として立教開宗した。
　中国では、その後845年の会昌の大破仏によって、徹底的に仏教が破壊され、特に密教はその後中国では復活することなく現在に至っている。空海が、入唐せずに日本に密教を持ち帰らなかったなら今日に伝えられている正純密教が伝えられたかは疑問符のつくところである。
　すなわち真言宗は、弘法大師空海が今から約1200年前に独自に真言密教として立教開宗したものである。真言密教は、弘法大師空海が中国へ留学し、恵果阿闍梨から中国密教を伝持されて日本に帰国後独自に真言密教を考え出したものである。
　繰り返しになるが、恵果阿闍梨は、インド密教を中国に持ってきた金剛智三蔵そして不空三蔵から金剛頂経を、善無畏三蔵から大日経を伝持され、そ

れを統合し中国密教を大成させた。

　また、日本には弘法大師空海の真言密教とは別の密教が伝わっている（台密）。さらにインド密教はチベットに伝わり、現代においてはチベット密教として独自に発展している。

　すなわち密教は、インド、チベット、中国、韓国、日本へと伝わり、と同時に弘法大師空海の独自の真言密教が日本において結実している。

　しかし、一般的には真言宗といった場合は、弘法大師空海の真言密教の教理にのっとったものとして考える。真言宗の成立は諸説ある（807年説、823年説、835年説）が、いずれにしても空海が中国から帰って入定するまでの間であることは確かである。また、真言宗の教理の特徴は空海によって完結しているということである。その後の真言宗の変遷は、教理上の対立ではなくそれ以外によるものである。

　空海以降は「入唐五家」といわれる大元帥法を伝えた常暁、空海の弟子である実慧の弟子で天台教学を学んだ宗叡、平城天皇の皇太子でインドを目指し南方で消息を断った真如などがいるが、いずれも空海教学の範囲である。10世紀には益信を祖とする広沢流と聖宝を祖とする小野流の法統がでて、現在では野沢（やたく）12流に分かれている。しかし、それも事相（作法）の範囲であり空海教学のなかである。

　教学的対立は唯一であるが、近世末期に高野山に大伝法院を創建した覚鑁（1095〜1143）が高野山を追われて根来山に移住しその末流が新義派となる。

　その古義と新義の違い、つまり「大日如来の説法」をめぐって、「本地身説法」と「加持身説法」対立を明確化させたのが、覚鑁の嫡流である頼瑜（1236〜1304）であった。この考え方の違いが現在の古義真言宗と新義真言宗となっている。

　以来、江戸時代・明治の初め頃まではこの古義真言宗と新義真言宗の2つの流れだったが、明治33年に古義真言宗の4派（御室派、高野派、醍醐派、大覚寺派）と新義真言宗2派（智山派、豊山派）の合計6派が独立認可され、それぞれ同格の形で管長を別置した。明治35年には東寺派、山階派、泉涌寺派、勧修寺派も独立し10派となった。

昭和 14 年には宗教団体法が制定され、宗教の国家統制が強化されるとそれに従って、昭和 16 年 2 月に真言宗各派は合同の協定書に調印し、同年 7 月新真言宗として発足した。
　昭和 20 年の敗戦後マッカーサー司令官により宗教団体法が廃止されると、同年 12 月 22 日から 3 日間の日程で東寺において真言宗の臨時宗会が開催され、真言宗各派は分離独立することとなった。
　具体的には真言宗各派は、昭和 21 年 3 月をもって分離独立をしている。
　同時に昭和 21 年には宗教法人法が制定され、第二次大戦敗戦後は民主的な宗教政策に転換した。同じ真言宗でも自由に分派独立が可能となり真言宗各派でも多くの宗派が林立することとなった。
　現在では、弘法大師空海の真言密教を教理の中心とする真言宗系の宗派は、文化庁の宗教年鑑には 46 団体の包括法人として真言宗各派が登録されている。宗教団体としての寺院・教会の合計は 14,781 ヶ所であり、教師の数は 69,389 名となっている。
　このなかで、比較的規模の大きな宗派の 16 宗派 18 本山が、「真言宗各派総大本山会（各山会）」を昭和 28 年に発足させている。これは、弘法大師空海が 834 年に宮中真言院で正月 8 日から 14 日まで真言の大法を勤修したことに始まる伝統行事である「後七日御修法」を実施する（現在は東寺で行われている）ための便宜的な限定的な会合に過ぎないということである。真言宗の合同といった集まりではない。
　したがって、「真言宗各派総大本山会（各山会）」は、全真言宗を代表している組織ではない。しかし、真言密教の教理は弘法大師空海が完結しているために教理上の対立は、古義と新義の違いをのぞき全くない。そのことが多くの宗団が真言宗を名乗っていることと繋がっていると考える。そこが天台宗と浄土宗、日蓮宗、曹洞宗との関係と違うところではないかと考える。
　教学の面では高野山大学同学会、種智院大学密教学会、智山勧学会、豊山学会が日本密教学会を設立している。日本密教学会は現代における真言密教の教学をトップリードしている。これには宗派性はなく真言密教の教理研究を行っている。古義も新義も共通課題をもって展開している。
　つまり真言宗系の宗派はそのほとんどが弘法大師空海の真言密教の教理に

基づいて存在している。しかし、真言宗各宗派の運営はそれぞれの宗派が独自に行っているのが現状である。一口に真言宗といっても、それをすべて説明することは困難である。その特殊性が真言宗を理解する上では必要である。
　大乗仏教でいうところの菩薩行や利他行といった基本的な精神、つまり世俗の生活から非俗の生活に入りそして俗な生活に帰ってくることが大乗仏教には必要とされる。
　真言密教における菩薩行や利他行は大乗仏教より極端な形で明確に現実重視という形で出てくる。常用経典の「理趣経」に書かれてある『百字の偈』は密教における菩薩行や利他行を徹底的に行うことの必要性を説いている。
　また、「大日経」の『住心品』の書かれてある『三句の法門』すなわち「菩提心を因とし、大悲を根とし、方便を究竟とす」は、真言密教における菩薩行や利他行といった基本的な精神を説いている。
　特に、「方便を究竟とす」は現実世界における活動を究極の目的とするということである。私たちが汚い心だと思っている心は実は菩提心そのものであり、仏のすべてを救済しようとする慈悲心が根本にあり、究極のところは衆生救済の実践が密教教学の中心的課題である。
　つまり、密教は、その呪術性や神秘性などから現実世界とはかけはなれた世界観があると誤解されがちであるが、以外かもしれないが、弘法大師空海の開いた真言密教は実は最も現実世界に接近しその教理を展開しているといえる。
　真言宗はその教学と実践のどれをとっても現実世界に目を向け、社会のあらゆる問題に対して取り組むことが必要な宗団であるといえる。
　真言宗系の寺院・教会の14,781ヶ寺のうち、真言宗智山派2,896ヶ寺である。
　戦前は、仏教各宗派でも同じであるが、真言宗智山派も社会事業協会を組織し、政府に代わって、積極的に総合的に仏教社会福祉を展開していた。
　戦後は、いわゆるＧＨＱ３原則によって仏教宗派の公的社会福祉への関わりは事実上禁止されたので、民間社会福祉の一部としての役割を担うことになった。

2　終戦・戦後復興期（1945〜1955）

　1945年8月15日にポツダム宣言を受け入れた日本は、まさに廃墟のなかから立ち直ろうとしていた。占領した連合軍は、次々と日本の民主化への政策を実行した。戦時中真言宗として戦時体制に協力していた宗団は、マッカーサー司令部によって「宗教団体法」が廃止されるとただちに分派独立の手続を進めた。

　1946年3月1日に真言宗各派は正式に分派独立した。その後、制定された宗教法人法によって今日にいたっている。

　1946年3月1日に独立し、真言宗智山派として再出発した。総本山と宗務所は京都府の智積院に置いている。真言宗智山派も疲弊した戦後について対策を展開している。

　1946年7月には、智山戦災援護会を設立し、焼失寺院の復興や海外からの引き揚げ僧侶援護を展開している。しかし、1947年5月17日には不慮の火災によって総本山智積院が焼失している。真言宗智山派は戦後復興と本山復興と二重の重荷を背負ってしまった。

　この時期の真言宗智山派は、まさに戦後復興と本山復興を中心に活動を展開したに過ぎないとも言える。

　1950年6月には、東京多摩全生園大師講が主催した同園礼拝堂の弘法大師尊像の前において弘法大師生誕（6月15日）を祝って「青葉まつり」を智山派僧侶が出仕して執り行われている。これは以降毎年続くことになる。

　1954年10月、アジア仏教親善運動共同募金を全国の寺院に寄付を求めている。戦後のアジアの仏教に対して資金的な援助を展開している。

3　高度経済成長期（1956〜1979）

　1957年2月は、真言宗智山派宗務庁が中心となった北海道冷害の義援金を宗内寺院に呼びかけている。

　1961年6月には、真言宗智山派保育連合会が発足し、結成大会を開催さ

れた。同年3月には、第1回全国大会を開催した。これ以降、毎年全国大会が開催されている。

1961年10月には、真言宗智山派保護司会を結成した。1963年11月には智山保護司大会を開催した。これ以降、毎年全国大会が開催されている。

1970年2月からは、智山派・豊山派合同の保育連盟が開催された。

1966年2月には、真言宗智山派教学部で所属寺院と住職に対して、社会的活動の動態調査を実施し同派の社会活動を把握した。以降定期的に動態調査が行われている。

1977年11月には、智山教化研究所が主催して、寺院の社会性・地域性と教化活動についての研修会がはじめて開催された。

4　低成長期からバブル経済期（1980～1991）

1981年12月、臨時教区代表会において「同和推進規程」を制定し、同派の同和問題についての取り組みが本格化することとなった。

1984年2月、には高野山真言宗、真言宗智山派、真言宗豊山派で第1回合同同和研修会を開催し、真言宗として組織的な取り組みを本格化させた。

この時期は、真言宗智山派というよりも、真言宗智山派独特ではあるが、主に大本山が中心となって多くの社会的活動を展開している。

1989年10月には成田山新勝寺がスリランカに幼稚園を寄贈、1991年6月にはバングラディシュへの義援金、川崎大師平間寺は1990年6月にイラン地震への義援金、同年12月の歳末助け合いバザーと募金活動などを展開している。

5　バブル経済崩壊から現在まで（1992～現在）

1993年11月には、興教大師覚鑁上人850年御遠忌に際して、被差別戒名諸精霊追善供養を行った。同和問題への取り組みと同和教育推進について積極的に取り組むことを明確化させた。

この時期も真言宗智山派というよりも、主に大本山や別格本山が中心と

なって展開している。

1996年大本山成田山にはエレベーターを設置した。

1997年8月には、アフリカへ毛布を送る運動を展開している。

1997年3月には、別格本山高幡不動金剛寺はハンセン病救援募金を展開し、多摩全生園、インドやネパールのハンセン病病院に寄贈した。1999年8月トルコ地震、同年10月台湾地震への義援金を送った。

6　現代の社会福祉の議論

　真言宗系の宗派は、文化庁の宗教年鑑に宗教団体として登録している真言宗系の宗教団体で46団体、真言宗各派総大本山会（各山会）に所属している真言宗系の宗派は18団体である。その他小規模・単立の寺院を含めると把握しきれないほど宗派が存在している。

　一口に真言宗といっても、それぞれの真言宗系宗派が独自に活動を展開している。真言宗系宗派が連携して展開している事業は限定的であり単発的である。すなわち正月の後七日後修法であり、日本密教学会であるだろう。したがって、真言宗を一口に表現することはできない。今般は真言宗智山派の社会福祉について述べた。しかも、真言宗智山派の宗務所が直接に行った社会福祉に限定して述べた。

　当然であるが、真言宗智山派の各教区や支所で行った社会福祉、真言宗智山派に所属する寺院が直接に行っている社会福祉、あるいは社会福祉法人を経営して間接的に社会福祉を行っている寺院、住職が個人的に社会福祉を行っている場合などは述べていない。

　真言密教を独自に考えだした弘法大師空海が開いた真言宗は、弘法大師空海が完結したためにその教学には疑念をはさむ余地がない。したがって、それを忠実に継承し実践するかが課題である。そして、その実践は社会福祉活動を含めた社会的実践は不可欠である。

　特に弘法大師空海の思想の根幹である「曼荼羅」は、その精神は相互供養であり、「済世利民」は、現世の人々をいかに救済するかということであり、「即身成仏」は、生きている生命の輝きをどう保つかということであり、現代の

社会福祉の思想と共通する事項であると考える。

　戦前は豊かにあった仏教と社会福祉の連携は戦後なくなってしまった。戦後日本の社会福祉は、科学的な社会福祉を標榜するあまり、戦後の仏教は非科学的であると切り捨ててしまった。

　しかし、現代社会において、非人間的な科学（社会福祉）に、人間的な非科学（仏教）が必要になってきている。科学と非科学の融合こそこれからの社会福祉と仏教の関係にとって必要になってきている。

　仏教の宗派のなかで密教は独特な発展をしてきたが、密教は仏教のなかでは現実肯定的なポジティブシンキングとしてのポジションを確保しているといっていいと考える。密教の教理はこれからの社会福祉にとって影響を与えうる思想性を有していると考える。

　今後はどれだけ具体的に「密教福祉」の実践を展開できるかにかかっている。真言宗は、社会福祉に対してはあまり熱心でない宗派とみられている。しかし、真言宗の宗祖弘法大師空海は、その思想を説く以前に自分の足で実践をしていることがよく知られている。全国をくまなく歩き数多くの伝説を残していることは周知のことである。また、社会的実践活動や教育活動も数多く史実に残っている。

　また、「密教福祉」は密教の教理経典に基づいて構築するものではない。「密教福祉」はインド密教、チベット密教、中国密教、日本密教の歴史をふまえて、またそれに基づいて成立させようとするものではない。「密教福祉」は、弘法大師空海が独自に考え出した真言密教との関係性において展開しようとするものである。

　したがって「密教福祉」とは「空海福祉」ということができる。「密教福祉」は空海の真言密教の思想にその理論的基盤をおくものである。

　「密教福祉」は空海の著書や実践のなかから社会福祉の思想や哲学を明らかにし、近代社会福祉のフレームワークにしようとするものである。

　従来の社会福祉の歴史における空海についての理解は、吉田久一による次のものが代表的である。「空海は主著『十住心論』で、「四無量」「四摂」「利他」の行を「菩薩の道」と述べている。とくに「四恩」は空海福祉の特徴である。

　四恩中「衆生恩」がとくに重要で、「四恩」を福祉思想に定着させた一人

が空海であった」とし、「空海福祉の実践的思想は「綜芸撞智院」の「式・序」にある。

空海は「貧賎の子弟」のために院をたてたことを述べ、師の資格として、「四量・四摂心」をもち、「仏性」の平等性を基準として教育しようとした」。

しかし、『秘密曼荼羅十住心論』は、即身成仏思想の密教的世界観に基づいて形成されていることを見逃してはならない。顕教的世界観を前提とした理解は、その本質を見逃してしまう。

真言密教は『秘密曼荼羅十住心論』において人間精神の発達段階を明らかにし、人間思想の形成順序を明確にしている。その前提である両部の大法といわれる「大日経」、「金剛頂経」が、即身成仏の実現を眼目するのが真言密教の基本的立場である。即身成仏は自分自身の即身成仏ではなく一切衆生の即身成仏であることも真言密教の特徴である。

真言密教の最大の中心的テーマは、「即身成仏」である。空海の著書「即身成仏義」において展開される理論的、実践的教判が最も重要である。

真言密教は、この世にどのような形で存在してもすべての事象が成仏すると説いた。この次に生まれ変わってくるときに、祈りをとおして普通の人間に生まれ変わってくるようにとは説かなかった。この世ですべてのものが平等に成仏すると説いた。

真言密教は、現在のこの世でどうすれば豊かで幸せな生活を送ることができるのかを最優先にするという「積極的・能動的」自立生活を考える。社会福祉問題が、現代ほど普遍化・一般化している時代はない。社会福祉問題の普遍化・一般化は誰にでも関係があることとであり、人生上さけてとおることのできないこととなっている。誰にでも関係がある社会福祉問題を現在、この世で解決しようとする努力こそが、真言密教の即身成仏思想の本質ということができる。

従来の救貧対策的な最低限の生活を保障する社会福祉から個人のニーズに合ったサービスを最適基準において提供することか現代の社会福祉に求められている。

ミニマム（最低）からオプティマム（最適）への流れのなかで現代の社会福祉問題が議論されていることを考えるべきである。

人々は、人生の最後の最後まで輝いて、安心して死を迎えられることこそ求められているのではないだろうか。そのための現代人にマッチした基本的信仰のかたちは、真言密教にあるのではないかと考える。
　真言密教は、曼荼羅の「能動的包摂性」と「相互供養」をその基本的軸として、現代の社会福祉問題の基本的基盤となっていかなければならないものと考える。
　混迷する現代社会に真言密教の教学を参考にしながら心も体もともに救済されることができればと考える。

第5章　真言宗豊山派の社会福祉その1

1　現代の社会福祉問題

　わが国の現代社会における最大にして最高の社会福祉問題は、少子高齢社会であることは異論のないところであろう。少子高齢社会は人類がかつて経験したことのない異常な状態でありそれが着々と進行している。

　いまや少子高齢社会を中心とする社会福祉問題は全国民的課題となっていると言っても過言ではないだろう。国や地方公共団体はその国民的課題を解決するために数多くの政策を展開している。国民も一人ひとりが関心を持つことが迫られている。

　しかし、少子高齢社会を中心とする社会福祉問題に対する国民的関心は現在あまり高いといえる状況ではない。むしろ国民の関心は薄いといわざるを得ないのが実情である。

　特に日本は、急激な高度経済成長によって、社会福祉ニーズのうち金銭的・物質的ニーズは充足されつつある。つまり高齢者の年金や健康保険、生活問題などの金銭的・物質的ニーズは一定限充足され、子供の育児や手当、共働き家庭対策などの金銭的・物質的ニーズも一定限充足されつつある。

　しかし、残念ながら精神的・宗教的ニーズは充足されていない。「衣食満ち足りて礼節を忘れる」のが日本の現実である。

　高齢者の孤独・自殺や子供の自殺・虐待など金銭などでは解決できないことのほうがむしろ多くなっているのが現実社会日本なのである。しかし、そのような心の問題を解決してくれるプロパーは現代の日本には存在していない。法や制度、衣食住などの金銭的・物質的ニーズについて具体的サービスを提供してくれるソーシャルワーカーやホームヘルパーは存在しているが、心に安心を提供してくれる精神的・宗教的ニーズについて具体的サービスを

提供してくれるマンパワーは存在していない。

しかし、明治（1868年）から終戦（1945年）までの近代の仏教宗団や宗教者のなかには、民衆とともにあり民衆のために尽くした人々が数多く存在したことが知られている。

ここでは金銭的・物質的には恵まれていなかったが、精神的・宗教的には豊かであった大正期・昭和初期の宗教者の活動を紹介することによって、今日の社会福祉の参考とできればと考えている。

特に真言宗において社会福祉はあまり熱心でなかった、また現在でも熱心でないとの指摘がある。しかし、大正期・昭和初期の真言宗においては社会福祉に熱心に取り組んでいたという事実が明らかになったと考える。

そして、現在も数多くの社会福祉を展開していることも明らかになった。

本稿は、真言宗豊山派宗務所において調査した資料をもとにして、真言宗豊山派社会事業協会について論述したものである。

2　大正期・昭和初期の社会福祉展開の背景

1912年（明治45年）5月、仏教徒社会事業研究会が設立され日本において初めて社会福祉という用語が使用された。

大正時代の一貫した政策は、「民力涵養運動」と「社会問題の顕在化」であった。欧米列強と肩を並べるため、富国強兵と殖産興業の政策を展開した政府としては、国内の社会問題を解決する方策として民間に社会問題に対応することを要求した。

民間の篤志家や仏教者はそれに呼応して積極的に対応した。仏教宗団もそれぞれの宗派で組織的に活動を展開した。それは各宗派の教えや実践とも一致するものであった。この時代の仏教者は社会的使命をもって社会福祉を展開した。

1914年（大正3年）6月13日には第1回仏教徒社会事業大会が東京で開催され成功を収めた。

その後、1920年（大正9年）に第2回仏教徒社会事業大会を東京で開催し、1921年（大正10年）に第3回仏教徒社会事業大会を大阪で開催し、1922

年（大正11年）に第4回仏教徒社会事業大会を東京で開催してそれぞれ成功であった。その後、毎年戦時体制になるまで開催されることとなる。

海野幸徳によると、「日本において社会福祉という用語が、慣用されるようになったのは1918年（大正7年）頃であるとして、それまでは慈善事業・感化救済事業・防貧事業であった」としている。

1920年（大正9年）には「仏教徒社会事業大観」が出され、各仏教宗派はそれぞれの立場からの主張を述べている。ちなみに真言宗からは、時の真言宗豊山派宗務長小林正盛が真言宗を代表してその立場性を明らかにしている。

密教は、原理としては社会福祉に対して積極的に展開されるべきであるが、残念ながら現在そうにはなっていないことを正直に述べている。小林正盛がその後終生社会福祉に積極的に関与していったことは後に述べたいと考える。

1918年（大正7年）頃からの仏教社会福祉というのは、それまで寺院の住職や僧侶が個別的・分散的に慈善事業を展開していたこととは全く異なり、寺院と寺院が所属する宗派が組織的・系統的に事業を展開していくことだといえる。詳しくは拙論を参照願いたい。

社会問題に寺院がどう対応していくのかが、厳しく問われていたということを見過ごしてはならないと考える。

寺院の社会化の問題は古くて新しい問題である。現代の寺院が地域に社会にどれだけ貢献しているのだろうか。

また、真言宗の宗団も組織的にどれだけ社会にどれだけ貢献しているのだろうか。

私たちは豊かでなかった大正期・昭和初期の真言宗において社会福祉に熱心に取り組んだ先人の思いを受け継ぎ寺院や宗団が社会に貢献するべきときがきているのではないだろうか。

実は真言宗は、真言宗の祖師・弘法大師空海の教えからしても最も熱心に社会事業を展開しなければならないのではないだろうか。

密教の原理からしても社会に積極的に働きかける原理を持っているものであるのではないだろうか。

3　真言宗豊山派の社会福祉の展開

　豊山派が社会福祉に宗団として取り組むのは決して早いほうではない。仏教各宗派と比較してもむしろ遅いほうであるといわねばならない。
　明治初期から社会福祉を展開した仏教宗派のなかでは、キリスト教に対抗する形で始まった宗派がほとんどであった。
　しかし、大正期になって社会福祉を展開した仏教宗派は「民力涵養運動」に呼応する形で始まったのがほとんどであった。政府と民間が一致して事業を展開するという形式であった。政府に後押しされて社会福祉を展開したのであった。

（1）豊山派社会福祉の萌芽

　大正6年9月14日付の真言宗豊山派管長早川快亮による訓諭において社会福祉の必要性について述べられている。これが極めて重要なことは、以後の真言宗豊山派において社会福祉を宗団として組織的に展開するということを内外に示したことにあると考えられる。さらに大正7年9月6日付管長教諭において同様の趣旨を述べている。
　現代の管長訓諭がどれくらい重要なのかについて、筆者は知るよしもないが、当時の管長訓諭は、極めて重く受け止められていることが記載されている。そのことはそれ以降の事実関係で明らかになってくる。
　管長訓諭を受けて、大正7年4月25日の第16次宗会において、小林正盛宗務長の所信表明のなかで初めて社会福祉についての決意表明がなされている。「豊山派の存在は社会に貢献すること」と述べている。これ以降、小林正盛は豊山派社会福祉の中心人物となる。
　大正7年には、豊山派有志僧侶が豊山コドモ会を設立し、豊山中学校において、豊山大学生の応援をえて盛況に開催されている。これが日曜学校の始まりである。仏教社会福祉の展開はどこの宗派でもいえることであるが、まず子供の事業から始まるのが常である。有志僧侶のなかには、後に豊山派の社会事業直接的中心人物となる中村教信がいることが注目される。中村教

信は後に内局で活躍することになる。

　大正8年の春季巡回伝道の方針としてはじめて、社会福祉の奨励が加えられた。現在では考えられないが、この時代の豊山派の伝道は豊山派の存立上重要な意味を持つものであった。豊山派として積極的に開教し伝道していく事は重要なことであった。以降全国の豊山派末寺に社会福祉実践の必要性が流布されて行くことになる。

　大正10年には、全国の豊山派末寺のなかにコドモ会の結成を促し、コドモ会規程を制定している。児童教化巡回として全国の小学校に出向いたり、寺院に児童を招いたりして講演会や映画会を開催している。

　大正12年2月には、豊山派内局の教学部に社会課を設立し、全国の豊山派末寺の社会福祉の窓口としている。大正12年9月関東大震災が起こり、教学部社会課が大いに活躍している。

　続いて大正13年2月に、慈善公共事業奨励費を設定し、社会福祉の実践者に資金を補助し始まった。

　大正14年1月には、護国寺社会部内に護国寺職業紹介所を設置し、貧困者への救済を開始している。当時の職業紹介は社会福祉の重要な一分野であった。

　また、大正14年2月に、慈善公共事業奨励給与規程を社会公共事業奨励規則として発展させ、社会公共事業奨励費を増額している。

　大正15年2月の第26次宗会において、宗規に社会福祉を豊山派として正式に明記した。そして、社会公共事業奨励費に関する申請についての基準を示し全国の豊山派末寺に通知している。

　大正6年から大正15年までは、豊山派が宗団として組織的に社会福祉を展開するための準備の時期といえる。社会福祉を宗団が実施しなければならなかった社会的背景はあるにしても、宗団として社会に眼を向けていかなければならないと考えた管長や宗務長、内局、宗会議員の発想を現在の僧侶は持っているのだろうか疑問である。

　大正6年以前は豊山派に所属する僧侶が分散的・個人的に慈善事業を実施していた。しかし、大正6年以後は豊山派が宗団で組織的・全体的に社会福祉を取り組もうとしたところに大きな転換点がある。

(2) 豊山派社会福祉の成立と発展

　昭和3年3月25日の第28次宗会は、特に冒頭において教学部長田中海応から豊山派の社会福祉について所信を述べている。厳しい財政のところ豊山派が直接経営する社会事業施設「共保園」の運営と豊山派社会事業協会の設立、社会事業奨励費の補助など豊山派社会事業のなすべきところ全般について述べている。

　この第28次宗会の議論を経て、昭和3年4月24日「豊山派社会事業協会」の設立発会式が行われている。会長には教学部長が就任するとしたこと、常務委員を置くとしたことなどを明記した豊山派社会事業協会会則が承認されている。

　また、当日は内務省社会局長、東京市長、東京府社会課長、各宗派代表、社会事業者代表など多数の来賓参加者があり盛大に開催されている。加藤精神管長の訓示があり、密教者としての真実の発露として感銘を受けるものである。

　さらに記念講演会も重ねて開催されており、内務省社会局からの講師が、社会事業の概要について述べている。その後の懇親会も含め、実に当日は午前11時から始まって散会したのは午後8時過ぎであった。さらに翌4月25日には各種社会事業の視察研修を開催し多数参加している。

　ここに豊山派の社会事業が豊山派社会事業協会の設立によって、本格的に展開されることとなった。宗団を挙げて住職や僧侶が一丸となって推進することになった。

　同年10月31日には、豊山派社会事業協会では救貧防貧、児童保護、教化、社会教育等の社会福祉を経営する寺院を対象に社会事業台帳作成のため詳細な「社会事業調査」を開始している。この「社会事業調査」は、この時期各宗派で数回行われているが、豊山派の「社会事業調査」の詳細は現存しているかどうか現在のところ未発見である。

　同年12月24日には豊山派社会事業協会の会員が多数入会したこと、24日に「現代社会事業概論」を発行し、社会事業の理論的な指針を示している。

　同年2月19日には豊山派社会事業協会内に社会事業相談所を設置し、全国の社会福祉経営の住職や僧侶の相談、檀信徒の法律的経済的社会的な種々

の相談を受け付けている。

　社会事業研究所と社会事業相談所を設置し、理論と実践を積極的に展開していることは他の宗派に見られない画期的なことといえる。

　同年6月8日に豊山派社会事業協会発会後第1回総会が開催されている。会員はじめ、加藤管長、権田大正大学学長、佐々木宗務長等内局各部長、河合豊山中学校長等多数参加している。予算決算、事業報告事業計画、講演等の後懇親会が開催された。1年間にわたり豊山派の社会福祉が積極的に展開されていることがわかる。

　昭和5年2月24日の第30次宗会の議論において、佐々木宗務長の施政方針において社会福祉についての豊山派の取り組みについて「本派全体カラ見マスルト伝ウト相当ノ成績挙ゲテ居ル次第デアリマス」と述べ豊山派として着実に成果をあげていることを強調している。

　昭和6年11月1日から4日間の日程で豊山派宗務所において智豊合同での社会事業講習会が開催されている。また、昭和6年11月1日の豊山派社会事業協会総会において全国の61社会事業団体に奨励金が授与されている。

　昭和8年10月25日には、弘法大師1100年御遠忌事務局総裁の富田管長訓諭が出され、昭和9年3月の弘法大師1100年御遠忌の基本姿勢を訓示している。昭和3年の弘法大師1100年御遠忌事務局が発足し、なかに社会事業部が設置され活動も展開されていることは特筆すべきことである。

　弘法大師1100年御遠忌事業のなかに社会福祉の振興を入れていることは、現代の宗派としても考えさせられることではある。

　ちなみに昭和59年の弘法大師1150年御遠忌の際には、社会福祉の振興については全くなかったことと重ね合わせるとやはり現代のほうがいささか社会的実践としては後退しているのではないかと考えざるをえないのではないか。

　昭和9年2月22日の第35次宗会においてはかつてないほど社会福祉について活発な議論がなされている。豊山派としていかに社会福祉が中心的活動であったかを示している。宗団をあげて社会福祉活動を展開していることがわかる。宗団、本山、社会事業協会、御遠忌事務局が社会福祉に一致協力し推進し社会事業団体への助成や広報、教育活動を展開している。

この時期が豊山派の社会福祉が最も隆盛した時期であったといえるのではないかと考える。

なお、昭和8年度の社会事業登録団体は79団体であったが、昭和9年には124団体となっている。

昭和10年10月7日から12日まで、智山派と合同で社会事業講習生を募集し、社会事業講習会を豊山派宗務所で開催している。豊山派による社会事業の専門家を本格的に養成しようとしたものである大師1100年御遠忌の社会事業部で提案された社会事業指導員協議会が「農村寺院の経営したる社会事業」のあり方について調査検討をしている。

全国の末寺の社会事業への取り組みについての指針を検討し寺院のあるべき社会的実践に検討を加えている。

昭和11年11月10日から14日まで智山派と合同で社会事業講習会が開催されている。寺院の社会的実践について社会事業の必要性について討議している。

4　真言宗豊山派社会福祉の変質と終焉

昭和12年3月23日の第38次宗会において、豊山派社会事業協会における活動を教学部のなかで行うことが確認された。社会福祉の活動の位置づけが教学部の特殊伝道のなかにおかれることとなった。なお、特殊伝道は従来の伝道とは似て非なるものである。

そして、昭和12年4月30日に特殊伝道助成奨励規則が制定され、従来の社会公共事業奨励規則が廃止された。これは、当初従来の社会福祉への宗団としての取り組みに特殊伝道を明確に取り入れたものと考えられた。

しかし、この規則に基づいて昭和12年の社会事業講習会が開催され、その内容によって全く違うものであることが確認できる。講習科目が社会福祉中心のものから軍事関係のものへと大きく変わっていることからも推察できる。

社会公共事業奨励規則から特殊伝道助成奨励規則へなったことによって、豊山派社会福祉が大きく変質した。

今後は戦時体制への協力を中心とした特殊伝道を中心的活動とする宗団となっていくことになる。

　昭和13年6月20日の総合告達は、仏教各宗派全体で出されたが、これは国民精神総動員実践要綱に協力するものとして、全国各宗派寺院住職僧侶総動員報国托鉢勤行実修要項を制定し、銃後後援が仏教各宗派の重点目標とした。

　仏教各宗派全体で、銃後後援強化週間を昭和13年11月5日から11日まで実施し、国民全体で戦時体制への協力を呼びかけている。昭和13年6月20日の総合告達以降社会福祉の記載は一切なくなる。なしくずし的に社会事業が特殊伝道となり、いつのまにか社会福祉が消えてしまっている。

　国民精神総動員強化方策が昭和14年2月9日に制定され、仏教各宗派も傷痍軍人の慰問、戦没者追悼会、武運長久祈祷会の開催を要請され実施している。

　豊山派では、例えば昭和14年3月10日には千葉の陸軍病院、傷痍軍人療養所などを富田管長が訪問している。以降全国各地で慰問、追悼会、祈祷会を開催している。

　昭和14年には、宗教団体法が制定され、宗教の国家統制が本格化し、戦時体制への協力体制が明確になった。

　昭和16年2月10日真言宗各派合同が基本合意し、同年7月真言宗として出発した。これ以降は、昭和20年の終戦まで戦時体制に協力する宗団として真言宗が存続することとなった。ここに豊山派の社会福祉が終焉することとなった。

5　今後の課題

　戦前、すい星のように現れてそして消えていった豊山派の社会福祉について概観してみた。豊山派の社会福祉については、いままで全く注目されてこなかった。しかし、今回の調査検討の過程において豊山派が社会福祉へ関心を持って豊かに実践していたことが明らかになった。

　明治以降の仏教は激動であった。江戸時代に安穏としていた仏教は明治維

新によって大きな変革を迫られた。仏教宗派のなかでは早くから社会福祉に取り組む宗派が出て、存続をかけて活動する宗派が見られた反面、全く何もしない宗派もあった。

真言宗各派は、大正期になってようやく社会事業に取り組むようになった。その活動は、短い期間ではあったが、充実したものであった。しかし、戦時体制に協力するようになって変質し終焉した社会福祉は、戦後から現代までついに復活していない。

豊かになった現代において、なぜ宗団として社会福祉に取り組まないのであろうか。けっして豊かであるとは言いがたい大正期において住職僧侶が一丸となって豊山派として社会福祉に取り組んでいた。かつては宗教者の宗教的発露として、困難に直面している人をほっておけなかった住職僧侶が数多く存在していたことを我々は肝に銘じるべきだと考える。

過去に学ぶことによって、今後、未来に向かって豊山派として社会福祉への取り組みが期待されている。現代の社会問題に対して住職僧侶が積極的に発言し実践していくことが求められているのではないかと考える。

なお今般は、紙幅の関係上豊山派宗務庁「真言宗豊山派宗報 18 号～302 号」1917 年～1941 年を参考にしたが、その他の豊山派の関係雑誌は、加持世界、同志、密教、新興、清観、法悦、妙智力、密厳教報などがある。

また、六大新報、明教新誌など関連の雑誌も多数ある。今後そのすべてを検討し豊山派の社会福祉についてさらに明らかにしたいと考える。

解決すべき社会福祉問題が数多く存在する現代社会において、住職僧侶やその所属する宗団の活動が期待されている。現在でも仏教各宗派のなかには、社会福祉を積極的に展開している住職僧侶や宗団があることも広く知られている。

しかし、残念ながら真言宗各派においては社会福祉を展開している宗団はないといえる。もちろん個人的個別的には社会福祉を展開している人も多いが、その宗団の組織的な体系的な活動とはなっていない。

今後は弘法大師の教学に基づいた豊山派としての社会福祉を展開することが求められていると考える。

第6章　真言宗豊山派の社会福祉その2

1　近代は熱心に社会福祉を展開

　真言宗は、社会福祉にはあまり熱心でないというあまりありがたくないレッテルがはられている。確かに仏教多宗派に比較して真言宗は、目立ってはいなかったとは思う。
　しかしけっして不熱心なわけではなかった。そのことは多くの資料によって明らかになっている。真言宗豊山派も特に近代においてはむしろ熱心に社会福祉を展開している。
　本稿は、戦後の真言宗豊山派の社会福祉について明らかにしようという試みである。したがって、戦前までの真言宗豊山派の社会福祉と戦後の真言宗豊山派の社会福祉は対になっていることを明記しておきたい。
　周知のとおり、真言密教は弘法大師空海が中国から持ち帰った密教を空海独自の真言密教として開花された。その中核になるのが、「即身成仏」にある。即身成仏は、ここ身このままで成仏することを説いている。
　筆者は、真言宗の教学の真髄を、「祈りと救済」にあると考えている。高邁な思想性と庶民的実践性があいまって展開するという特徴を持っている。
　空海は直接的にその時代に瞬時に適応する思想として、真言密教を打ちたてた。そして、いつの時代においても普遍性をもっているのが特徴とも言える。ここでは、真言密教の考え方とそれの基づいた戦後における真言宗豊山派の社会事業を論述したいと考える。

2　真言密教の成立と内容

　前述したが、密教は「大日経」と「金剛頂経」を根本経典にして仏教のな

かでは最も遅く成立した仏教である。釈尊から1000年が経過してから5世紀から6世紀頃にインドで成立した仏教である。そして、7世紀から8世紀の間に密教は頂点に達し、それまで呪法の経典であった雑密経典が、「大日経」と「金剛頂経」という2つの流れのなかで思想的に体系化され、正純密教として成立した。

　正純密教は「大日経」と「金剛頂経」に集約される密教として大日如来を本尊とし曼荼羅を中心とする宇宙観を生み出した。

　インドから中国に密教が伝えられ頂点に達したとき、弘法大師空海（774～835）が入唐しわずか2年の間に恵果阿闍梨から中国密教のすべてを伝授されて帰国した。帰国後弘法大師空海は独自に真言密教として立教開宗した。

　中国ではその後845年の会昌の大破仏によって徹底的に仏教が破壊され、特に密教はその後中国では復活することなく現在に至っている。空海が、入唐せずに日本に密教を持ち帰らなかったなら今日に伝えられている正純密教が伝えられたかは疑問符のつくところである。

　すなわち真言宗は、弘法大師空海がいまから約1200年前に独自に真言密教として立教開宗したものである。真言密教は、弘法大師空海が中国へ留学し、恵果阿闍梨から中国密教を伝持されて日本に帰国後独自に真言密教を考え出したものである。

　恵果阿闍梨はインド密教を中国に持ってきた金剛智三蔵そして不空三蔵から金剛頂経を、善無畏三蔵から大日経を伝持され、それを統合し中国密教を大成させた。

　また、日本には弘法大師空海の真言密教とは別の密教が伝わっている（台密）。さらにインド密教はチベットに伝わり現代においては、チベット密教として独自に発展している。

　すなわち密教はインド、チベット、中国、韓国、日本へと伝わり、と同時に弘法大師空海の独自の真言密教が日本において結実している。

　一般的に真言宗といった場合は、弘法大師空海の真言密教の教理に則ったものとして考えられる。真言宗の成立は諸説ある（807年説、823年説、835年説）が、いずれにしても空海が中国から帰って入定するまでの間であ

ることは確かである。

　また、真言宗の教理の特徴は空海によって完結しているということである。その後の真言宗の変遷は、教理上の対立は全くなく、あるとすればそれ以外によるものである。

　空海以降は「入唐五家」といわれる大元帥法を伝えた常暁、空海の弟子である実慧の弟子で天台教学を学んだ宗叡、平城天皇の皇太子でインドを目指し南方で消息を断った真如などがいるが、いずれも空海教学の範疇である。10世紀には益信を祖とする広沢流と聖宝を祖とする小野流の法統がでて、現在では野沢（やたく）12流に分かれている。しかし、それも事相（作法）の範囲であり空海教学のなかである。

　教学的対立は唯一であるが、近世末期に高野山に大伝法院を創建した覚鑁（1095～1143）が高野山を追われて根来山に移住しその末流が新義派となる。その古義と新義の違い、つまり「大日如来の説法」をめぐって、「本地身説法」と「加持身説法」対立を明確化させたのが、覚鑁の嫡流である頼瑜（1236～1304）であった。この考え方の違いが現在の古義真言宗と新義真言宗となっている。

　以来、江戸時代・明治の初め頃まではこの古義真言宗と新義真言宗の2つの流れであったが、明治33年に古義真言宗の4派（御室派、高野派、醍醐派、大覚寺派）と新義真言宗2派（智山派、豊山派）の合計6派が独立認可され、それぞれ同格の形で管長を別置した。明治35年には東寺派、山階派、泉涌寺派、勧修寺派も独立し10派となった。

　昭和14年には宗教団体法が制定され、宗教の国家統制が強化されると、それに従って、昭和16年2月に真言宗各派は合同の協定書に調印し、同年7月新真言宗として発足した。

　昭和20年の敗戦後マッカーサー司令官により宗教団体法が廃止されると同年12月22日から3日間の日程で東寺において真言宗の臨時宗会が開催され、真言宗各派は分離独立することとなった。

　具体的には真言宗各派は昭和21年3月をもって分離独立をしている。同時に昭和21年には宗教法人法が制定され、第二次大戦敗戦後は民主的な宗教政策に転換した。同じ真言宗でも自由に分派独立が可能となり真言宗各派

でも多くの宗派が林立することとなった。

　現在では、弘法大師空海の真言密教を教理の中心とする真言宗系の宗派は、文化庁の宗教年鑑には46団体の包括法人として真言宗各派が登録されている。宗教団体としての寺院・教会の合計は14,781ヶ所であり、教師の数は69,389名となっている。

　このなかで、比較的規模の大きな宗派の16宗派18本山が、「真言宗各派総大本山会（各山会）」を昭和28に発足させている。これは弘法大師空海が834年に宮中真言院で正月8日から14日まで真言の大法を勤修したことに始まる伝統行事である「後七日御修法」を実施する（現在は東寺で行われている）ための便宜的な限定的な会合に過ぎず、真言宗の合同といった集まりではない。

　したがって、「真言宗各派総大本山会（各山会）」は、全真言宗を代表している組織ではない。しかし、真言密教の教理は弘法大師空海が完結しているために、教理上の対立は古義と新義のごく一部の違いをのぞき全く存在しない。そのことが多くの宗団が真言宗を名乗っていることとつながっていると考える。そこが天台宗と浄土宗、日蓮宗、曹洞宗との関係と違うところではないかと考える。

　教学の面では高野山大学同学会、種智院大学密教学会、智山勧学会、豊山学会が連合して上部団体として日本密教学会を設立している。日本密教学会は現代における真言密教の教学をトップリードしている。これには宗派性はなく真言密教の教理研究を行っている。古義真言宗も新義真言宗も共通課題をもって展開している。

　つまり真言宗系の宗派は、そのほとんどが弘法大師空海の真言密教の教理に基づいて存在している。しかし、真言宗各宗派の運営は、それぞれの宗派が独自に行っているのが現状である。一口に真言宗といっても、それをすべて説明することは困難である。その特殊性が真言宗を理解する上では必要である。

　大乗仏教でいうところの菩薩行や利他行といった基本的な精神、つまり世俗の生活から非俗の生活に入りそして俗な生活に帰ってくることが大乗仏教には必要とされる。

真言密教における菩薩行や利他行は大乗仏教よりの極端な形で明確に現実重視という形で出てくる。常用経典の「理趣経」に書かれてある『百字の偈』は密教における菩薩行や利他行を徹底的に行うことの必要性を説いている。

　また、「大日経」の『住心品』に書かれてある『三句の法門』すなわち「菩提心を因とし、大悲を根とし、方便を究竟とす」は、真言密教における菩薩行や利他行といった基本的な精神を説いている。

　特に、「方便を究竟とす」は現実世界における活動を究極の目的とするということである。私たちが汚い心だと思っている心は実は菩提心そのものであり、仏のすべてを救済しようとする慈悲心が根本にあり、究極のところは衆生救済の実践が密教教学の中心的課題である。

　つまり、密教は、その呪術性や神秘性などから現実世界とはかけはなれた世界観があると誤解されがちであるが、意外かもしれないが、弘法大師空海の開いた真言密教は実はもっとも現実世界に接近しその教理を展開しているといえる。

　真言宗はその教学と実践のどれをとっても現実世界に目を向け、社会のあらゆる問題に対して取り組むことが必要な宗団であるといえる。

　真言宗系の寺院・教会の14,781ヶ寺のうち、高野山真言宗3,629ヶ寺、真言宗智山派2,896ヶ寺、真言宗豊山派2,645ヶ寺であり、この真言宗三大宗派の合計は9,170ヶ寺で真言宗系の宗派の約62％をしめるために、従来から真言宗について研究や調査をするというとこの真言宗三大宗派を代表的にとりあげてきている。

　しかし、われわれはこの真言宗三大宗派ですべてを代表させることはできないし、またしてはならないであろう。真言宗は多様に宗派が存在するということを理解するということが真言宗を理解することになる。

　戦前は、仏教各宗派でも同じであるが、真言宗豊山派はそれぞれ社会事業協会を組織し、政府に代わって、積極的に総合的に仏教社会福祉を展開していた。

　戦後はいわゆるＧＨＱ３原則によって仏教宗派の公的社会福祉への関わりは事実上禁止されたので、民間社会福祉の一部としての役割を担うことになった。

3　終戦・戦後復興期の真言宗豊山派の社会福祉

　1945年8月15日にポツダム宣言を受け入れた日本は、まさに廃墟のなかから立ち直ろうとしていた。占領した連合軍は、次々と日本の民主化への政策を実行した。戦時中真言宗として戦時体制に協力していた宗団は、マッカーサー司令部によって「宗教団体法」が廃止されるとただちに分派独立の手続を進めた。

　1946年3月1日に真言宗各派は正式に分派独立した。その後制定された宗教法人法によって今日にいたっている。分派独立後真言宗豊山派となり独自の活動を展開している。

　1946年3月1日に独立し、真言宗豊山派として再出発した。総本山は奈良県の長谷寺、宗務所は東京の護国寺に置いている。真言宗豊山派も疲弊した戦後について対策を展開している。

　1946年3月に真言宗豊山派本山長谷寺は社会福祉経営に着手すると報告している。同年9月、長谷寺は法隆寺、寶山寺と共同して戦災孤児収容施設を開設することを決定している。

　1953年3月には真言宗豊山派保護司会を結成している。1954年7月真言宗豊山派の全国保育事業連盟の結成を目指して第1回協議会を開催している。このとき、同派の40寺院が保育事業を経営している。

4　高度経済成長期の真言宗豊山派の社会福祉

　1957年6月に真言宗豊山派保育連盟の第1回大会が宗務所で開催され、椎尾弁匡師が記念講演している。以降全国保育大会は毎年開催されている。真言宗豊山派は戦後児童福祉について組織的に早くから取り組んでいる。

　さらに1970年2月からは真言宗豊山派の前管長の呼びかけで智山派・豊山派合同の保育連盟が開催された。

　1970年6月には豊山派ペルー震災救援募金を展開、1972年11月には豊山派ベトナム難民救済日本仏教徒委員会が開催された。

1974年10月には同和教育推進と過去帳の総点検を行った。このことは、宗派をあげて差別と人権の問題を取り組むことを明確化させたことになった。

　1975年7月には、真言宗豊山派保育連盟発足20周年記念大会が盛大に行われた。

5　低成長期からバブル経済期の真言宗豊山派の社会福祉

　1981年5月には、さきに結成された真言宗豊山派東南アジア難民救済委員会はこれまでの救援活動の報告と啓発活動ポスターを作成すると同時に、現地活動を行っている。

　1974年10月の同和教育推進の取り組みから10年経った1984年2月には高野山真言宗、真言宗智山派、真言宗豊山派で第1回合同同和研修会を開催し、真言宗として組織的な取り組みを本格化させた。

　1985年2月には、真言宗豊山派社会福祉専門委員会が、同派関係の社会福祉法人を顕彰することを決定し実施した。

　1991年4月の湾岸戦争の難民や被災者への義援金の募金活動を展開し、送付、同年6月の雲仙普賢岳噴火の被災者への義援金の募金活動を展開し、送付した。

6　バブル経済崩壊から現在の真言宗豊山派の社会福祉

　真言宗豊山派福祉基金とは別に、1992年3月には真言宗豊山派の青年僧を中心に国内外の災害被災者への援助や社会福祉を恒常的に展開するために募金活動を展開することを決議した。すなわち「真言宗豊山派仏教青年会援助基金」を創設した。

　1995年1月の阪神淡路大震災に対し、真言宗豊山派福祉基金からの拠出と同時に、救援のための勧募を全国の所属寺院に呼びかけた。1997年1月

には阪神淡路大震災の3回忌法要を営むと共に「阪神淡路大震災救援募金授与式」を開催し、5,800万円を寄託した。

1999年2月のコロンビア地震、同年8月にトルコ地震に対して、義援金を寄託した。

7　真言宗豊山派の社会福祉のまとめ

　真言宗系の宗派は、文化庁の宗教年鑑に宗教団体として登録している真言宗系の宗教団体で46団体、真言宗各派総大本山会（各山会）に所属している真言宗系の宗派は18団体である。その他小規模・単立の寺院を含めると把握しきれないほど宗派が存在している。

　一口に真言宗といってもそれぞれの真言宗系宗派が独自に活動を展開している。真言宗系宗派が連携して展開している事業は限定的であり単発的である。すなわち正月の後七日後修法であり、日本密教学会であるだろう。

　したがって、真言宗を一口に表現することはできない。今般は真言宗豊山派の社会福祉について述べた。しかも、真言宗豊山派宗務所が直接に行った社会福祉に限定して述べた。

　当然であるが、真言宗豊山派の各教区や支所で行った社会福祉、真言宗豊山派に所属する寺院が直接に行っている社会福祉、あるいは社会福祉法人を経営して間接的に社会福祉事業を行っている寺院、住職が個人的に社会福祉を行っている場合などは述べていない。今般述べた社会福祉活動はほんの一部に過ぎない。今後すべての真言宗豊山派の社会福祉活動を明らかにすることが必要であると考える。

　真言密教を独自に考えだした弘法大師空海が開いた真言宗は、弘法大師空海が完結したためにその教学には疑念をはさむ余地がない。したがって、それを忠実に継承し実践するかが課題である。そして、その実践は社会福祉活動を含めた社会的実践は不可欠である。

　特に弘法大師空海の思想の根幹である「曼荼羅」は、その精神は「相互供養」であり、「済世利民」は、現世の人々をいかに救済するかということであり、「即身成仏」は、生きている生命の輝きをどう保つかということであり、現代の

社会福祉の思想と共通する事項であると考えられる。

　戦前は豊かにあった仏教と社会福祉の連携は、戦後なくなってしまった。

　戦後日本の社会福祉は、科学的な社会福祉を標榜するあまり、戦後の仏教は非科学的であると切り捨ててしまった。しかし、現代社会において、非人間的な科学（社会福祉）に、人間的な非科学（仏教）が必要になってきている。科学と非科学の融合こそこれからの社会福祉と仏教の関係にとって必要になってきている。

　仏教の宗派のなかで密教は独特な発展をしてきたが、密教は仏教のなかでは現実肯定的なポジティブシンキングとしてのポジションを確保しているといっていいと考える。密教の教理は、これからの社会福祉にとって影響を与えうる思想性を有していると考える。

　今後はどれだけ具体的に「密教福祉」の実践を展開できるかにかかっている。真言宗は、社会福祉に対してはあまり熱心でない宗派とみられている。しかし、真言宗の宗祖弘法大師空海は、その思想を説く以前に自分の足で実践をしていることがよく知られている。全国をくまなく歩き数多くの伝説を残していることは周知のことである。また、社会的実践活動や教育活動も数多く史実に残っている。

　また、「密教福祉」は密教の教理経典に基づいて構築するものではない。「密教福祉」はインド密教、チベット密教、中国密教、日本密教の歴史をふまえて、またそれに基づいて成立させようとするものではない。「密教福祉」は、弘法大師空海が独自に考え出した真言密教との関係性において展開しようとするものである。

　したがって「密教福祉」とは「空海福祉」ということができる。「密教福祉」は空海の真言密教の思想にその理論的基盤をおくものである。

　「密教福祉」は、空海の著書や実践のなかから社会福祉の思想や哲学を明らかにし、近代社会福祉のフレームワークにしようとするものである。

　従来の社会福祉の歴史における空海についての理解は、吉田久一による次のものが代表的である。「空海は主著『十住心論』で、「四無量」「四摂」「利他」の行を「菩薩の道」と述べている。とくに「四恩」は空海福祉の特徴である。四恩中「衆生恩」がとくに重要で、「四恩」を福祉思想に定着させた

一人が空海であった」。とし、「空海福祉の実践的思想は「綜芸撞智院」の「式・序」にある。空海は「貧賎の子弟」のために院をたてたことを述べ、師の資格として、「四量・四摂心」をもち、「仏性」の平等性を基準として教育しようとした」。

しかし、『秘密曼荼羅十住心論』は、即身成仏思想の密教的世界観に基づいて形成されていることを見逃してはならない。顕教的世界観を前提とした理解は、その本質を見逃してしまう。

真言密教は『秘密曼荼羅十住心論』において人間精神の発達段階を明らかにし、人間思想の形成順序を明確にしている。その前提である両部の大法といわれる「大日経」、「金剛頂経」が、即身成仏の実現を眼目するのが真言密教の基本的立場である。即身成仏は自分自身の即身成仏ではなく一切衆生の即身成仏であることも真言密教の特徴である。

真言密教の最大の中心的テーマは、「即身成仏」である。空海の著書「即身成仏義」において展開される理論的、実践的教判が最も重要である。

真言密教は、この世にどのような形で存在してもすべての事象が成仏すると説いた。この次に生まれ変わってくるときに、祈りをとおして普通の人間に生まれ変わってくるようにとは説かなかった。この世ですべてのものが平等に成仏すると説いた。

真言密教は、現在のこの世でどうすれば豊かで幸せな生活を送ることができるのかを最優先にするという「積極的・能動的」自立生活を考える。

社会福祉問題が、現代ほど普遍化・一般化している時代はない。社会福祉問題の普遍化・一般化は誰にでも関係があることとであり、人生上さけてとおることのできないこととなっている。

誰にでも関係がある社会福祉問題を現在、この世で解決しようとする努力こそが、真言密教の即身成仏思想の本質ということができる。

従来の救貧対策的な最低限の生活を保障する社会福祉から個人のニーズに合ったサービスを最適基準において提供することか現代の社会福祉に求められている。

ミニマム（最低）からオプティマム（最適）への流れの中で現代の社会福祉問題が議論されていることを考えるべきである。

人々は、人生の最後の最後まで輝いて、安心して死を迎えられることこそ求められているのではないだろうか。そのための現代人にマッチした基本的信仰のかたちは、真言密教のなかにあるのではなかろうか。
　われわれは、真言密教が曼荼羅の「能動的包摂性」と「相互供養」をその基本的軸として、現代の社会福祉問題の基本的指針となって、混迷する現代社会に生きる人々を心身ともに救済することができればと考えるものである。

付録　日本近代真言宗社会福祉年表

（1868 年～ 1945 年）

年	できごと
1868 年 （明治 01 年）	真言宗の窮民救助事業である報徳財団設立される（広島）。
1870 年 09 月（明治 03 年）	真言宗泉涌寺北海道開拓を願い出るが　許可されず。
1870 年 12 月（明治 03 年）	真言宗僧法忍　私費を投じ余川の水を引き灌漑を図る。
1872 年 03 月（明治 05 年）	真言宗誓願寺恵周没す。自由井を掘り　村道を改修する。
1877 年 11 月（明治 10 年）	真言宗赤田明盛　堕胎の悪習を論じる。
1877 年 12 月（明治 10 年）	真言宗西南の役両軍戦死陣亡者の追悼法会を営む。
1878 年 01 月（明治 11 年）	真言宗鈴木信教貧困児の養育に努める。
1879 年 06 月（明治 12 年）	コレラ予防説教に付き各派管長に内達ある。
1879 年 08 月（明治 12 年）	真言宗霊松龍海等綜芸種智院を再興しようとする。
1882 年 11 月（明治 15 年）	金原明善浜松監獄署に観善会を開く。真言宗寺院応援する。

1886年05月(明治19年) 1886年05月(明治19年)	真言宗薬王寺法忍没す。灌漑に尽力する。 千葉県内各宗寺院にて 千葉感化院を設立する。11月開設する。明治24年成田山新勝寺の経営となり 明治39年東北の非行児を収容する。昭和03年成田学園とする。
1887年12月(明治20年)	根来山執事高島慈恭貧民学校を和歌山に設立。
1888年02月(明治21年)	大阪府下真言宗寶珠院佐伯覚燈綜芸種智院を設立し女子教育を始める。
1891年01月(明治24年)	真言宗長円寺堀川祐雄積徳学校設置。同時に井上玄道と施療する。
1894年10月(明治27年)	真言宗高志大了等日本赤十字社で捕虜慰問説教する。
1894年11月(明治27年)	真言宗山縣玄浄等日赤佐倉豊橋名古屋大津大阪広島松山で捕虜慰問説教する。
1895年03月(明治28年)	真言宗山縣玄浄悲田院設置を金洲民政庁(中国)に願い出る。
1895年04月(明治28年)	古義真言宗阿弥陀寺多田羅文雅没す。土地開墾架橋等に尽力する。
1896年07月(明治29年)	成田山新勝寺三陸海救済に努める。
1897年04月(明治30年) 1897年05月(明治30年) 1897年07月(明治30年)	成田山新勝寺八王子大火救済に努める。 豊山派土田義範等寶珠育児園を設立。 椋本龍海真言宗彰化(台湾)女学校を設立。

1898 年 03 月（明治 31 年） 1898 年 04 月（明治 31 年）	新義派大学林悲田園東京市養育院に施餓鬼会。 綜芸種智院救恤部降誕会に京都市内貧民に白米施行。
1899 年 01 月（明治 32 年） 1899 年 08 月（明治 32 年） 1899 年 08 月（明治 32 年） 1899 年 11 月（明治 32 年）	真言宗真福寺伊達隆弁敬田女学院付属悲田院（神戸）を設立貧困女子に簡易教育を授ける。 富山横浜大火真言宗救恤金を送る。 香川監獄の女囚の子のため保育場を設立。明治 34 年真言宗有志の経営に移り讃岐保育会孤児院となり讃岐学園となる。 真言宗寺院阿波国慈恵院を設立（徳島）。
1900 年 06 月（明治 33 年）	真言宗宗祖降誕会京都府内窮民に施米。
1901 年 11 月（明治 34 年） 1901 年 12 月（明治 34 年）	足尾鉱毒事件真言宗救済運動を実施。 真言宗青山墓地を保管業務していた萩原浄空が釈放者保護事業と不良児更正保護事業をはじめる。中央奉仕会という。
1902 年 01 月（明治 35 年） 1902 年 02 月（明治 35 年）	豊山派慈善事業保原町婦人会を設立（福島）。 真言宗那須有高日本宗教病院（栃木）を十善堂病院と改称。
1903 年 04 月（明治 36 年） 1903 年 06 月（明治 36 年） 1903 年 10 月（明治 36 年）	真言宗祖風宣揚会を設立し慈善事業に尽くす。 清瀧智龍等真言宗祖風揚会済世病院を設立する。 丸亀（香川）真言宗蓮井麗厳貧児教育鶏鳴学院を設立する。
1904 年 10 月（明治 37 年）	真言宗醍醐支教会救護事業慈恵光善教戒所を設立する。

1906年02月（明治39年） 1906年03月（明治39年） 1906年03月（明治39年）	古義真言宗東北飢饉救済会議。 豊山派日露出征軍人家族のため授産所保育所を設立。後の熱田保育所。 古義真言宗有志者東北救済の檄文を発する。
1908年07月（明治41年） 1908年12月（明治41年）	古義真言宗松田密信浅草区平和教会煩悶慰安所を開き就職の指導もする。 真言宗清瀧智龍等済世病院（京都）を設立計画。
1909年06月（明治42年）	真言宗祖風揚会済世病院小林彦次郎等東寺済世病院を設立する。
1912年09月 （明治45年　大正元年） 1912年11月 （明治45年　大正元年）	豊山派伝道師大会司法保護を協議。 古義真言宗免囚保護課を新設。
1913年01月（大正02年）	真言宗各派連合法務所内に司法保護を達示。
1914年03月（大正03年） 1914年04月（大正03年）	秋田県智山派管長慰問。 古義真言宗慈善事業奨励規則を発布。
1915年08月（大正04年）	真言宗各派感化救済事業講習会に出席方を達示。
1917年09月（大正06年）	古義真言宗　豊山派管長社会事業につき訓諭。
1918年月09(大正07年)	東京府下豊山派寺院施米。
1921年02月（大正10年） 1921年07月（大正10年）	古義真言宗社会奉仕デー。 北九州水害古義真言宗慰問。
1922年03月（大正11年）	古義真言宗連合総裁社会事業指導奨励に巡錫。

1923年05月（大正12年）	古義真言宗『寺院を中心とする社会事業』刊行。
1912年08月（大正12年） 1912年09月（大正12年）	草津癩療養所に弘法大師教会所を設立。 真言宗各派罹災者の収容を諭達。吊慰団震災救助隊を組織地方巡回募金、
1924年05月（大正13年）	救貧施設古義真言宗仏教婦人救護会（兵庫）。
1925年01月（大正14年） 1925年01月（大正14年） 1925年02月（大正14年） 1925年10月（大正14年）	豊山派同潤会奥戸村仮住宅で授産託児をはじむ。 豊山派護国寺社会部を設置。 豊山派社会公共事業奨励規則。 智山派宗内社会事業調査。
1925年10月（大正14年）	朝鮮水害智山派義捐金。
1926年01月（大正15年　昭和元年） 1926年05月（大正15年　昭和元年） 1926年06月（大正15年　昭和元年） 1926年10月（大正15年　昭和元年） 1926年12月（大正15年　昭和元年）	豊山派護国寺境内を児童に解放。 智山派『社会事業要覧』刊行。 古義真言宗社会事業協会結成。 古義真言宗社会事業協会総会。 豊山派社会事業現状調査。
1927年04月（昭和02年） 1927年06月（昭和02年） 1927年10月（昭和02年） 1927年12月（昭和02年）	古義真言宗社会事業大会。 智山派社会事業連盟創立。 古義真言宗宗内社会事業団体に補助金下付。 豊山派社会事業協会結成。

1928年01月（昭和03年） 1928年04月（昭和03年） 1928年05月（昭和03年） 1928年05月（昭和03年） 1928年06月（昭和03年） 1928年10月（昭和03年） 1928年11月（昭和03年） 1928年12月（昭和03年）	『智山派社会事業連盟時報』発刊。 豊山派社会事業協会創立発会式。 第二回古義真言宗社会事業大会（5,13-17）。 智山派社会事業連盟総会。 智山派社会事業奨励規程。 豊山派社会事業施設調査。 智山派社会事業関係者大会。 智山派社会事業協会創立発会式。
1929年02月（昭和04年） 1929年04月（昭和04年） 1929年05月（昭和04年） 1929年06月（昭和04年） 1929年06月（昭和04年）	豊山派社会事業相談所（東京）。 真言宗川崎社会館を経営。 第三回古義真言宗社会事業大会。 古義真言宗農繁期託児所設置奨励。 古義真言宗東京全生病院にて宗祖降誕会並びに追弔法要。
1930年02月（昭和05年） 1930年05月（昭和05年） 1930年05月（昭和05年）	豊山派社会事業協会方面事業講習会。 古義真言宗融和問題講演会。 智山派宗内方面事業を調査。
1930年06月（昭和05年） 1930年07月（昭和05年） 1930年08月（昭和05年） 1930年10月（昭和05年） 1930年11月（昭和05年）	第四回古義真言宗社会事業大会並びに講習会。融和事業講演会。 高野山大学融和問題研究会発会式。 智山派社会事業協会児童教化講習会。 新義真言宗児童教化講習会。 大正大学伝道部欠食児童救済報恩伝道。
1931年05月（昭和06年） 1931年06月（昭和06年） 1931年06月（昭和06年） 1931年10月（昭和06年） 1931年11月（昭和06年）	第五回古義真言宗社会事業大会。 智山派伝導会と社会事業協会が合併智山派教化事業連盟結成。 高野山大学融和運動研究会。 豊山派社会事業協会宗内施設に奨励金。 新義真言宗連合社会事業講習会。

1932 年 07 月（昭和 07 年） 1932 年 11 月（昭和 07 年）	古義真言宗保母講習会。 豊智連合社会事業講習会。
1933 年 04 月（昭和 07 年） 1933 年 05 月（昭和 07 年） 1933 年 07 月（昭和 07 年） 1933 年 11 月（昭和 07 年）	智山派教化事業連盟社会事業奨励金交付。 大正大学伝道部欠食児童救済金募集。 古義真言宗社会事業協会児童保護事業講習会。 豊智連合社会事業講習会。
1934 年 02 月（昭和 08 年） 1934 年 04 月（昭和 08 年） 1934 年 05 月（昭和 08 年） 1934 年 11 月（昭和 08 年）	函館大火真言宗各派義捐。 古義真言宗社会事業大会。 豊山派各支所に農繁期託児所設置を諭達。 豊智連合社会事業講習会。
1935 年 01 月（昭和 09 年） 1935 年 03 月（昭和 09 年） 1935 年 11 月（昭和 09 年）	大正大学学生東北凶作地の学童慰問。 智山派東北冷害救済義捐金募集。 豊智社会事業講習会並びに社会事業協議会。
1936 年 01 月（昭和 10 年） 1936 年 08 月（昭和 10 年） 1936 年 10 月（昭和 10 年） 1936 年 11 月（昭和 10 年） 1936 年 11 月（昭和 10 年）	智山派宗内社会事業施設調査。 朝鮮半島南部地方暴雨風豊山派慰問。 智積院に労働者修養道場を設立。 成田学園 50 周年記念感謝会。 豊智連合社会事業講習会。
1937 年 09 月（昭和 11 年）	古義真言宗出征軍人遺家族救恤相談所設立。
1938 年 02 月（昭和 12 年） 1938 年 10 月（昭和 12 年）	智山派宗務所司法保護事業の促進方を通達。 古義真言宗派内方面委員調査。
1939 年 08 月（昭和 13 年）	豊山派各支所に「銃後後援強化週間実施大綱」を発す。
1941 年 07 月（昭和 16 年） 1941 年 11 月（昭和 16 年）	真言宗各支所水害の調査。 大正大学社会事業研究室 25 周年記念式。

1942 年 06 月 (昭和 17 年) 1942 年 10 月 (昭和 17 年)	真言宗公益事業の経営調査。 真言宗軍事援護強化運動。
1944 年 01 月 (昭和 19 年) 1944 年 08 月 (昭和 19 年)	真言宗救癩施設愛生園に高野山大師堂を建設。 真言宗学童疎開寺院に宗教的情操涵養を通達。 真言宗「疎開学童教護慰安要項」。

【初出一覧】

第1部第1章	密教福祉とは何か	密教福祉　平成13年3月
第1部第2章	密教福祉の視点と展開	智山学報　平成19年3月
第1部第3章	密教と福祉のリレーションシップ	仏教文化論集第9集　平成15年12月
第1部第4章	密教における宗教的ケア	密教福祉Ⅱ　平成14年3月
第1部第5章	仏教社会福祉の考え方と歴史	密教福祉研究会報第1号　平成12年3月
第1部第6章	社会福祉と日本文化	密教学会報第4号　平成22年3月
第2部第1章	真言宗社会福祉の歴史	新義真言教学の研究　平成14年10月
第2部第2章	高野山真言宗の社会福祉	密教研究第41号　平成21年3月
第2部第3章	真言宗智山派の社会福祉（1）	日本仏教社会福祉学会解放第32号　平成13年9月
第2部第4章	真言宗智山派の社会福祉（2）	智山学報　平成22年3月
第2部第5章	真言宗豊山派の社会福祉（1）	真言密教と日本文化　平成19年12月
第2部第6章	真言宗豊山派の社会福祉（2）	空海と思想と文化　平成16年1月
付録	日本近代真言宗社会福祉年表	高野山時報、智山派宗報、豊山派宗報より抜粋

あとがき

　筆者が高野山大学の教員として、社会福祉学を担当するようになりましたのは2000年4月からでした。その当時は、密教学科、仏教学科、人文学科、社会福祉学科の4学科でした。現在は密教学科、人間学科の2学科です。現在は、社会福祉学科は閉鎖になっています。

　その当時は社会福祉学を専攻する教員も複数在籍していました。そのなかで、藤田和正先生は、独自の研究をされていました。弘法大師空海を中心とする密教福祉研究でした。社会科学を専攻してきたものとしては、当初はとても違和感があったことは事実でした。

　しかし、藤田先生が書かれたものを読みますと、自分に欠落しているものがあるということに気づかされました。

　弘法大師空海の著作を丁寧に忠実に読み込んで、そこから社会福祉の思想や哲学をアウトプットするという試みでした。藤田和正先生の研究成果は論文となって現在でも手に取ることができ、多くの示唆を与えてくれます。藤田和正先生は、まさしく密教福祉研究の創始者ともいうべき存在です。

　筆者が高野山に上ったちょうどその頃高野山大学では密教福祉研究を本格的に展開するために密教福祉研究会が発足し、高野山真言宗宗務庁から多額の助成金をいただいていました。まさしく筆者が高野山大学で教鞭をとろうとしていたときに、密教福祉研究が本格化するという時期でもありました。

　高野山大学での筆者には、藤田和正先生とともに密教福祉研究を展開することが期待されました。そこで筆者は特に近代に焦点をしぼって、真言宗の寺院や僧侶の活動に注目して研究を進めてきました。

　密教福祉研究会では、「密教福祉」①・「密教福祉」②・「密教福祉」③として、3冊を矢継ぎ早に出版しました。密教福祉研究会はその後密教福祉学会、密教福祉研究所に発展しました。筆者は藤田和正先生のご指導の下に、日本仏教社会福祉学会などに小論を投稿しました。この小著は、10数年の間に書いた小論を大幅に加筆訂正したものです。

　そもそも社会福祉の現場で働いていた筆者が研究者を志そうと思ったの

は、大橋謙策先生との出会いでした。筆者が地元の社会福祉協議会の職員であった折に、当時、日本社会事業大学教授であった大橋謙策先生の地域福祉の講義を受講してからでした。

　刺激的な講義に感動した筆者は、数年後には、無謀にも日本社会事業大学大学院博士前期課程に入学し、大橋ゼミに在籍してしまいました。大学院では同学の友にも恵まれ有意義な時間を過ごすことができました。

　特に社会福祉施設と地域福祉との関係について学習することができました。イギリスのワグナーレポートを知ったのも大橋先生の指導によるものでした。大学院を修了し、社会福祉現場にもどろうとしたときに大橋謙策先生から、淑徳大学の長谷川匡俊先生を紹介されました。その当時の長谷川匡俊先生は仏教社会福祉研究の第一者で淑徳大学学長をしておられました。長谷川匡俊先生からは、密教福祉研究の種智院大学教授の宮城洋一郎先生を紹介していただき、宮城洋一郎先生からも多くをご指導いただきました。

　筆者にとっては、仏教社会福祉研究という分野は全く未知のものでしたが、淑徳大学大学院博士後期課程に入学し、長谷川ゼミに在籍させていただきました。当初は長谷川匡俊先生の研究方法にはとても驚きでした。今までに経験したことのない研究方法でした。

　しかし、このときの丁寧で熱心なご指導のおかげで現在の筆者の研究的アイデンティティーが形づくられることになりました。文献学的な手法は筆者にとって戸惑うばかりでしたが、次第にそれにのめりこんでいきました。そして自分自身の研究姿勢を見つけることができました。

　淑徳大学大学院在籍中に、高野山大学の藤田和正先生に声をかけていただいて、高野山大学に行くことになりました。高野山は筆者にとってあこがれの祖山でした。筆者が生まれ育った家がたまたま真言宗智山派に所属するお寺だったので、幼い頃から弘法大師はよく聞きなれた存在でした。

　高野山大学での研究生活は充実したものでした。また、さすがに高野山で信仰生活をしている方々のその姿勢や態度は素晴らしいものでした。多くの著名な方とも交流することができました。インドや中国などにも調査研究の一員として参加することもできました。さらに密教的環境空間のなかでの研究、弘法大師空海が入定されている聖域での研究という至福の時間を過ごす

ことができました。

　47 歳で研究者生活に入るという遅きに失しているというハンディを何とか取り戻したい一心で懸命に努力してきたつもりではありますが、なにぶんにも浅学菲才はいかんともしがたく内心忸怩たる思いではあります。まだ研究の途上で不充分な小著を出版することに躊躇しましたが、中間報告の意味で思い切って出版することにしました。

　また、現在まで長い間見守ってくださり時には適切なアドバイスをくださった、学恩ある元日本社会事業大学学長大橋謙策先生、元淑徳大学学長長谷川匡俊先生、元高野山大学教授藤田和正先生には心から感謝申し上げます。

平成 29 年 2 月

山口　幸照

著者略歴

山口 幸照（やまぐち　こうしょう）

　1952年、栃木県生まれ。日本福祉大学社会福祉学部社会福祉学科卒業、日本社会事業大学大学院社会福祉学研究科博士前期課程修了。淑徳大学大学院社会学研究科博士後期課程満期退学。

　栃木県芳賀福祉事務所家庭相談員、社会福祉法人市貝町社会福祉協議会事務局長兼福祉活動専門員、特別養護老人ホーム杉の樹園園長、市貝町在宅介護支援センター所長、日本福祉大学非常勤講師などを経て、2011年4月から高野山大学教授。2008年4月から密教福祉研究所所長、2016年4月から空海研究所副所長。

　真言宗智山派東円寺住職を経て、2016年4月から真言宗智山派東円寺長老。

真言宗社会福祉の思想と歴史

2017年3月10日　初版発行	2022年2月28日　第2刷発行

著　者	山口　幸照　　©Kosho　Yamaguchi
発行人	森　　忠順
発行所	株式会社 セルバ出版 〒113-0034 東京都文京区湯島1丁目12番6号 高関ビル5B ☎ 03 (5812) 1178　　FAX 03 (5812) 1188 https://seluba.co.jp/
発　売	株式会社 創英社／三省堂書店 〒101-0051 東京都千代田区神田神保町1丁目1番地 ☎ 03 (3291) 2295　　FAX 03 (3292) 7687
印刷・製本	株式会社 丸井工文社

●乱丁・落丁の場合はお取り替えいたします。著作権法により無断転載、複製は禁止されています。
●本書の内容に関する質問はFAXでお願いします。

Printed in JAPAN
ISBN978-4-86367-320-5